Lect
E 1

El Señor y lo demás, son cuentos

Leopoldo Alas «Clarín»

Edición a cargo de la
Universidad de Salamanca

El Señor y lo demás, son cuentos

LEOPOLDO ALAS «CLARÍN»

No se permite la reproducción total o parcial de este libro, ni su incorporación a un sistema informático, ni su transmisión en cualquier forma o por cualquier medio, sea este electrónico, mecánico, por fotocopia, por grabación u otros métodos, sin el permiso previo y por escrito del editor. La infracción de los derechos mencionados puede ser constitutiva de delito contra la propiedad intelectual (Art. 270 y siguientes del Código Penal).
Diríjase a CEDRO (Centro Español de Derechos Reprográficos) si necesita fotocopiar o escanear algún fragmento de esta obra.
Puede contactar con CEDRO a través de la web www.conlicencia.com o por teléfono en el 91 702 19 70 / 93 272 04 47.

de la imagen de cubierta: © Artkot

Las introducciones, adaptaciones y actividades didácticas son un trabajo colectivo de Cursos Internacionales de la Universidad de Salamanca coordinado por el profesor Alberto Buitrago Jiménez.

© Editorial Planeta, S.A, 2022
   Av. Diagonal 662-664
   08034 Barcelona
Espasa, sello editorial de Editorial Planeta, S.A.

ISBN: 978-84-08-25978-7
Depósito legal: B. 4.908-2022
Impreso en España – *Printed in Spain*

El papel utilizado para la impresión de este libro está calificado como papel **ecológico** y procede de bosques gestionados de manera **sostenible**.

Lecturas
ELE

En el ámbito de la enseñanza de idiomas, la literatura es una forma complementaria de inmersión en la lengua y un excelente recurso, universal, auténtico y motivador, para desarrollar, mediante una amplia gama de aplicaciones didácticas, las competencias lingüística, discursiva, pragmática y cultural. Los textos literarios no solo son útiles como refuerzo y consolidación de aspectos del sistema formal (gramática y vocabulario), sino que aportan al estudiante rasgos de expresividad del idioma, variedades de registros, diferenciaciones de significados, valores estéticos, retos interpretativos y una implicación emocional de la que carecen textos escritos de otra tipología.

Los textos que se presentan en la colección «Lecturas ELE» posibilitan el acercamiento del estudiante no nativo a algunas de las obras más representativas de la literatura escrita en nuestra lengua, manteniendo en todo lo posible la esencia de los originales. Adaptar una lectura es facilitar su comprensión respetando al máximo la forma y el contenido de los textos de partida y entregando al lector claves similares a aquellas de las que dispondría si estuviera leyendo en su propia lengua. «Lecturas ELE» es un proyecto en el que participan el Instituto Cervantes, la Editorial Edinumen, el Grupo

Planeta y los Cursos Internacionales de la Universidad de Salamanca y que ha patrocinado la Junta de Castilla y León y el Ayuntamiento de Salamanca.

En una primera fase se han adaptado doce textos (novelas y relatos) a los niveles B1, B2, C1 y C2, partiendo de los inventarios del Plan Curricular del Instituto Cervantes en lo referente a funciones comunicativas, vocabulario y estructuras gramaticales. Está dirigido a estudiantes de español LE/L2, tanto jóvenes como adultos, y pretende abarcar en un futuro adaptaciones de textos pertenecientes a otros géneros literarios.

Los textos, que van aumentando en extensión conforme aumenta el nivel de conocimiento del idioma, se distribuyen en tres bloques: literatura clásica, literatura española contemporánea y literatura hispanoamericana contemporánea. En todos los casos, se introduce una breve presentación para contextualizar la lectura, con una nota bio-bibliográfica del autor o autora y una referencia al libro presentado. Asimismo, el texto se acompaña con notas de vocabulario —siempre contextualizadas en la propia obra— y, salvo en el nivel más alto (C2), una propuesta de explotación didáctica, en la que se pretende dar protagonismo al lector, sobre aspectos lingüísticos y literarios, con actividades de prelectura, lectura y poslectura, pensadas para poder trabajarse tanto dentro como fuera del aula, como refuerzo del aprendizaje autónomo. Para ello se incluyen también las claves de resolución de los ejercicios.

En conclusión, los textos literarios en la enseñanza de una lengua —y es algo que se ha querido potenciar en la colección «Lecturas ELE»— pueden (y deben) utilizarse en una doble vertiente: complemento en el proceso de enseñanza-aprendizaje y fin en sí mismos: la lengua en la literatura.

Sumario

El autor y la obra 9

El Señor y lo demás, son cuentos
El Señor.................................. 11
¡Adiós, Cordera! 41
Protesto................................. 55
La yernocracia 69
Cuento futuro............................ 79
La Ronca................................ 115

Actividades 129
Solucionario............................. 139

EL AUTOR Y LA OBRA

Leopoldo Enrique García-Alas y Ureña, conocido como Leopoldo Alas o, sobre todo, por su seudónimo, «Clarín», nació en Zamora el 25 de abril de 1852, aunque él siempre se consideró asturiano, como su familia. «Me nacieron en Zamora», decía.

Vivió y estudió en Oviedo, su ciudad real y literaria. Durante la Revolución de 1868 fue afín a la causa republicana y liberal. En 1869 empezó la carrera de Derecho, pero en 1871 se trasladó a Madrid para doctorarse y estudiar Letras en la Universidad Central. Se doctoró en 1878, con la tesis *El Derecho y la moralidad*, que dedicó al profesor Francisco Giner de los Ríos, creador de la Institución Libre de Enseñanza, que había tenido gran influencia en él y en muchos otros intelectuales de la época.

A partir de 1875 firmó por primera vez con el seudónimo «Clarín» en la revista *El Solfeo*, de orientación republicana, y al año siguiente publicó sus primeros cuentos y poemas en la *Revista de Asturias*, de su amigo Félix de Aramburu.

En 1882, año en el que también contrajo matrimonio, obtuvo la cátedra de Economía Política y Estadística de la Universidad de Zaragoza, y un año después la de Derecho Romano de la Universidad de Oviedo, a donde regresó. Desde aquel momento, Clarín ya no abandonaría la capital asturiana.

En 1887 fue elegido concejal republicano del Ayuntamiento de Oviedo. Murió en esta ciudad el 13 de junio de 1901.

Su obra literaria se enmarca en la corriente naturalista, que pretende presentar la realidad tal como es, sin renunciar a la parte más dura y cruda, aunque muchas veces encierra toques de ironía, sátira y crítica social.

Su obra maestra es *La Regenta* (1885), una larga novela cuya acción transcurre en Vetusta, una capital española de provincias tras cuyo nombre inventado se oculta Oviedo. Algunos críticos señalan cierta semejanza con *Madame Bovary*, de Flaubert y *Ana Karenina*, de Tolstói, sobre todo en lo que se refiere al personaje protagonista, Ana Ozores.

Muy importante es su labor como autor de cuentos y novelas breves. Escribió más de setenta. Sobresale entre esta obra *El Señor y lo demás, son cuentos*, primera colección de relatos del autor, publicada por primera vez en 1893. El primer relato, *El Señor*, cuyo título aparece, por voluntad del propio escritor, destacado de los demás, es en realidad una novela corta intensamente lírica que representa el ideal del amor puro. Junto a él aparecen otros cuentos inolvidables como *¡Adiós, Cordera!*, en el que llama la atención la prácticamente ausencia de acción y su carácter lírico y poético y otros satírico-humorísticos como *Cuento futuro* o *Protesto*.

Clarín también destacó como crítico literario y articulista.

El Señor

I

No tenía más consuelo temporal la viuda del capitán Jiménez que la hermosura de alma y de cuerpo que resplandecía en su hijo. No podía lucirlo en paseos y romerías, teatros y tertulias, porque respetaba ella sus tocas;[1] su tristeza la inclinaba a la iglesia y a la soledad, y sus pocos recursos la impedían, con tanta fuerza como su deber, malgastar en galas, aunque fueran del niño. Pero no importaba: en la calle, al entrar en la iglesia, y aun dentro, la hermosura de Juan de Dios, de tez sonrosada, cabellera rubia, ojos claros, llenos de precocidad amorosa, húmedos, ideales, encantaba a cuantos le veían. Hasta el señor obispo, varón austero que andaba por el templo como temblando de santo miedo a Dios, más de una vez se detuvo al pasar junto al niño, cuya cabeza dorada brillaba sobre el humilde trajecillo negro como un vaso sagrado entre los paños de enlutado[2] altar; y sin poder resistir la tentación, el buen místico, que tantas vencía, se inclinaba a besar la fren-

---

1. Prenda de lienzo que, ceñida al rostro, usan las monjas para cubrir la cabeza, y que llevaban antes las viudas y algunas veces las mujeres casadas, especialmente en la iglesia.
2. De luto, negro.

te de aquella dulce imagen de los ángeles, que cual un genio familiar frecuentaba el templo.

Los muchos besos que le daban los fieles al entrar y al salir de la iglesia, transeúntes de todas clases en la calle, no le consumían ni marchitaban las rosas de la frente y de las mejillas; les daban un nuevo esplendor, y Juan, humilde hasta el fondo del alma, con la gratitud al general cariño, se enardecía[3] en sus instintos de amor a todos, y se dejaba acariciar y admirar como una santa reliquia[4] que empezara a tener conciencia.

Su sonrisa, al agradecer, centuplicaba su belleza, y sus ojos acababan de ser vivo símbolo de la felicidad inocente y piadosa al mirar en los de su madre la misma inefable[5] dicha. La pobre viuda, que por dignidad no podía mendigar el pan del cuerpo, recogía con noble ansia aquella cotidiana limosna de admiración y agasajo[6] para el alma de su hijo, que entre estas flores, y otras que el jardín de la piedad le ofrecía en casa, iba creciendo lozana, sin mancha, purísima, lejos de todo mal contacto, como si fuera materia sacramental de un culto que consistiese en cuidar una azucena. Con el hábito de levantar la cabeza a cada paso para dejarse acariciar la barba, y ayudar, empinándose, a las personas mayores que se inclinaban a besarle, Juan había adquirido la costumbre de caminar con la frente erguida; pero la humildad de los ojos, quitaba a tal gesto cualquier asomo de expresión orgullosa.

---

3. Se encendía, se excitaba.
4. Aquello que, por haber tocado el cuerpo de un santo, es digno de veneración.
5. Que no se puede explicar con palabras.
6. Regalo o muestra de afecto o consideración.

II

Cual[7] una abeja sale al campo a hacer acopio[8] de dulzuras para sus mieles, Juan recogía en la calle, en estas muestras generales de lo que él creía universal cariño, cosecha de buenas intenciones, de ánimo piadoso y dulce, para el secreto labrar de místicas puerilidades,[9] a que se consagraba en su casa, bien lejos de toda idea vana, de toda presunción por su hermosura; ajeno de sí propio, como no fuera en el sentir los goces inefables que a su imaginación de santo y a su corazón de ángel ofrecía su único juguete de niño pobre, más hecho de fantasías y de combinaciones ingeniosas que de oro y oropeles.[10] Su juguete único era su altar, que era su orgullo.

O yo observo mal, o los niños de ahora no suelen tener altares. Compadezco principalmente a los que hayan de ser poetas.

El altar de Juan, su *fiesta*, como se llamaba en el pueblo en que vivía, era el poema místico de su niñez, poema hecho, si no de piedra, como una catedral, de madera, plomo, talco, y sobre todo, luces de cera. Lo tenía en un extremo de su propia alcoba, y en cuanto podía, en cuanto le dejaban a solas, libre, cerraba los postigos de la ventana, cerraba la puerta, y se quedaba en las tinieblas amables, que iba así como taladrando[11] con estrellitas, que eran los puntos de luz amarillenta, suave, de las velas de su santuario, delgadas como juncos, que pronto consumía, cual débiles cuerpos virginales que derrite un amor, el fuego. Hincado de rodillas delante de su altar, sentado sobre los talones, Juan, artista y místico a la vez, amaba su obra, el

---

7. Como, igual que.
8. Acaparar, recoger, guardar.
9. Cosas, gestos o rasgos infantiles.
10. Cosas aparentemente muy valiosas, pero que en realidad valen muy poco.
11. Haciendo pequeños agujeros.

tabernáculo[12] minúsculo con todos sus santos de plomo, sus resplandores de talco, sus misterios de muselina[13] y crespón,[14] restos de antiguas glorias de su madre cuando brillaba en el mundo, digna esposa de un bizarro[15] militar; y amaba a Dios, el Padre de sus padres, del mundo entero, y en este amor de su misticismo infantil también adoraba, sin saberlo, su propia obra, las imágenes de inenarrable inocencia, frescas, lozanas, de la religiosidad naciente, confiada, feliz, soñadora. El universo para Juan venía a ser como un gran nido que flotaba en infinitos espacios; las criaturas piaban entre las blandas plumas pidiendo a Dios lo que querían, y Dios, con alas, iba y venía por los cielos, trayendo a sus hijos el sustento, el calor, el cariño, la alegría.

Horas y más horas consagraba Juan a su altar, y hasta el tiempo destinado a sus estudios le servía para su *fiesta*, como todos los regalos y obsequios en metálico, que de vez en cuando recibía, los aprovechaba para aumentar las riquezas de su iglesia. De sus estudios de catecismo,[16] de las fábulas, de la historia sagrada y aun de la profana, sacaba partido, aunque no tanto como de su imaginación, para los sermones[17] que se predicaba a sí mismo en la soledad de su alcoba, hecha templo, figurándose ante una multitud de pecadores cristianos. Era su púlpito[18] un antiguo sillón, mueble tradicional en la familia, que había sido como un regazo para algunos abuelos caducos

---

12. Altar.
13. Tela de algodón, seda, lana, etc., fina y poco tupida.
14. Tela negra que normalmente se usa en señal de luto.
15. Valiente. De gran apariencia.
16. Libro que contiene la doctrina cristiana, escrito con frecuencia en forma de preguntas y respuestas.
17. Discurso del sacerdote en la misa. Discurso, por lo general largo, destinado a reñir a una persona o a advertir algo a alguien.
18. Plataforma pequeña y elevada que hay en algunas iglesias para que el sacerdote predique desde ella.

y último lecho del padre de Juan. El niño se ponía de rodillas sobre el asiento, apoyaba las manos en el respaldo, y desde allí predicaba al silencio y a las luces que chisporroteaban,[19] lleno de unción,[20] arrebatado a veces por una elocuencia interior que en la expresión material se traducía en frases incoherentes, en gritos de entusiasmo, algo parecido a la glosolalia[21] de las primitivas iglesias. A veces, fatigado de tanto sentir, de tanto perorar,[22] de tanto imaginar, Juan de Dios apoyaba la cabeza sobre las manos, haciendo almohada del antepecho de su púlpito; y, con lágrimas en los ojos, se quedaba como en éxtasis, vencido por la elocuencia de sus propios pensares, enamorado de aquel mundo de pecadores, de ovejas descarriadas[23] que él se figuraba delante de su cátedra apostólica y a las que no sabía cómo persuadir para que, cual él, se derritiesen en caridad, en fe, en esperanza, habiendo en el cielo y en la tierra tantas razones para amar infinitamente, ser bueno, creer y esperar. De esta precocidad sentimental y mística apenas sabía nadie; de aquel llanto de entusiasmo piadoso, que tantas veces fue rocío de la dulce infancia de Juan, nadie supo en el mundo jamás: ni su madre.

III

Pero sí de sus consecuencias; porque, como los ríos van a la mar, toda aquella piedad corrió naturalmente a la Iglesia.[24] La

---

19. Despedían chispas reiteradamente.
20. Devoción, perfección, concentración.
21. Capacidad sobrenatural, inexplicable, para hablar lenguas que no se han aprendido.
22. Pronunciar un discurso u oración.
23. Perdidas. Que van por mal camino.
24. *Iglesia*, con mayúscula, se refiere a la institución, a la religión católica; con minúscula, al edificio.

pasión mística del niño hermoso de alma y cuerpo fue convirtiéndose en cosa seria; todos la respetaron; su madre cifró en ella, más que su orgullo, su dicha futura: y sin obstáculo alguno, sin dudas propias ni vacilaciones de nadie, Juan de Dios entró en la carrera eclesiástica; del altar de su alcoba pasó al servicio del altar de veras, del altar *grande* con que tantas veces había soñado.

Su vida en el seminario fue una guirnalda[25] de triunfos de la virtud, que él apreciaba en lo que valían, y de triunfos académicos que, con mal fingido disimulo, despreciaba. Sí, fingía estimar aquellas coronas que hasta en las cosas santas se tejen para la vanidad, y fingía por no herir el amor propio de sus maestros y de sus émulos.[26] Pero, en realidad, su corazón era ciego, sordo y mudo para tales placeres; para él, ser más que otros, valer más que otros, era una apariencia, una diabólica invención; nadie valía más que nadie; toda dignidad exterior, todo grado, todo premio eran fuegos fatuos, inútiles, sin sentido. Emular[27] glorias era tan vano, tan soso,[28] tan inútil como discutir; la fe, defendida con argumentos, le parecía semejante a la fe defendida con la cimitarra[29] o con el fusil. Atravesó por la filosofía escolástica y por la teología dogmática[30] sin la sombra de una duda; supo mucho, pero a él todo aquello no le servía para nada. Había pedido a Dios, allá cuando niño, que la fe se la diera de granito, como una fortaleza que tuvie-

---

25. Corona de flores, hierbas o ramas que se entregaba a los ganadores de algún juego o concurso, o a los militares vencedores.

26. Seguidores o imitadores de alguien.

27. Imitar (ver nota anterior).

28. Simple, tonto.

29. Sable (tipo de espada) corto, de hoja curvada y ensanchada hacia la punta, que usaban turcos, persas y otros pueblos orientales.

30. Un *dogma* en una religión es una creencia de carácter obligatorio e indiscutible.

se por cimientos las entrañas de la tierra, y Dios se lo había prometido con voces interiores, y Dios no faltaba a su palabra.

A pesar de su carrera brillante, excepcional, Juan de Dios, con humilde entereza, hizo comprender a su madre y a sus maestros y padrinos que con él no había que contar para convertirle en una lumbrera,[31] para hacerle famoso y elevarle a las altas dignidades de la Iglesia. Nada de púlpito; bastante se había predicado a sí mismo desde el sillón de sus abuelos. La altura de la cátedra era como un despeñadero sobre una sima de tentación: el orgullo, la vanidad, la falsa ciencia estaban allí, con la boca abierta, monstruos terribles, en las oscuridades del abismo. No condenaba a nadie; respetaba la vocación de obispos y de Crisóstomos[32] que tenían otros, pero él no quería ni medrar[33] ni subir al púlpito. No quiso pasar de coadjutor[34] de San Pedro, su parroquia. «¡Predicar!, ¡ah!, sí —pensaba—. Pero no a los creyentes. Predicar... allá... muy lejos, a los infieles, a los salvajes; no a las Hijas de María[35] que pueden enseñarme a mí a creer y que me contestan con suspiros de piedad y cánticos cristianos: predicar ante una multitud que me contesta con flechas, con tiros, que me cuelga de un árbol, que me descuartiza».[36]

La madre, los padrinos, los maestros que habían visto cla-

---

31. Persona que brilla por su inteligencia y conocimientos excepcionales.
32. En griego se denominaba *crisóstomo* («boca de oro») al orador famoso.
33. Mejorar de fortuna aumentando los bienes, reputación, etc., especialmente cuando se hace de forma poco clara o aprovechándose de las circunstancias.
34. Sacerdote que ayuda al cura párroco (sacerdote principal) en una parroquia.
35. Congregación religiosa católica femenina, fundada por la religiosa francesa Adela de Batz de Trenquelléon en 1816.
36. Me parte en pedazos.

ramente cuán natural era que el niño de aquella *fiesta*, de aquel altar, fuera sacerdote, no veían la última consecuencia, también muy natural, necesaria, de semejante vocación, de semejante vida..., el martirio: la sangre vertida por la fe de Cristo. Sí, ese era su destino, esa su elocuencia viril. El niño había predicado, jugando, con la boca; ahora el hombre debía predicar de una manera más seria, por las bocas de cien heridas...

Había que abandonar la patria, dejar a la madre; le esperaban las misiones[37] de Asia; ¿cómo no lo habían visto tan claramente como él su madre, sus amigos?

La viuda, ya anciana, que se había resignado a que su Juan no fuera más que santo, no fuera una columna muy visible de la Iglesia, ni un gran sacerdote, al llegar este nuevo desengaño, se resistió con todas sus fuerzas de madre.

«¡El martirio no! ¡La ausencia no! ¡Dejarla sola, imposible!»

La lucha fue terrible; tanto más, cuanto que era lucha sin odios, sin ira, de amor contra amor: no había gritos, no había malas voluntades; pero sangraban las almas.

Juan de Dios siguió adelante con sus preparativos; fue procurándose la situación propia del que puede entrar en el servicio de esas avanzadas de la fe, que tienen casi seguro el martirio... Pero al llegar el momento de la separación, al arrancarle las entrañas a la madre viva..., Juan sintió el primer estremecimiento de la religiosidad humana, fue caritativo con la sangre propia, y no pudo menos de ceder, de sucumbir, como él se dijo.

---

37. Salida o peregrinación que hacen los religiosos y misioneros de pueblo en pueblo o de provincia en provincia, o a otras naciones, predicando el evangelio.

IV

Renunció a las misiones de Oriente, al martirio probable, a la poesía de sus ensueños, y se redujo a buscar las grandezas de la vida buena ahondando en el alma, prescindiendo del espacio. Por fuera ya no sería nunca nada más que el coadjutor de San Pedro. Pero en adelante le faltaba un resorte moral a su vida interna; faltaba el imán que le atraía; sentía la nostalgia enervante de un porvenir desvanecido.

«No siendo un mártir de la fe, ¿qué era él? Nada.» Supo lo que era melancolía, desequilibrio del alma, por primera vez. Su estado espiritual era muy parecido al del amante verdadero que padece el desengaño de un único amor. Le rodeaba una especie de vacío que le espantaba; en aquella nada que veía en el porvenir cabían todos los misterios peligrosos que el miedo podía imaginar.

Puesto que no le dejaban ser mártir, derramar la sangre, tenía terror al enemigo que llevaría dentro de sí, a lo que querría hacer la sangre que aprisionaba dentro de su cuerpo. ¿En qué emplear tanta vida? «Yo no puedo ser, pensaba, un ángel sin alas; las virtudes que yo podría tener necesitaban espacio; otros horizontes, otro ambiente: no sé portarme como los demás sacerdotes, mis compañeros. Ellos valen más que yo, pues saben ser buenos en una jaula.»

Como una expansión, como un ejercicio, buscó en la clase de trabajo profesional que más se parecía a su vocación abandonada una especie de consuelo: se dedicó principalmente a visitar enfermos de dudosa fe, a evitar que las almas se despidieran del mundo sin apoyar la frente el que moría en el hombro de Jesús, como san Juan en la sublime noche eucarística.[38]

---

38. Noche de la muerte de Jesucristo.

Por dificultades materiales, por incuria[39] de los fieles, a veces por escaso celo de los clérigos, ello era que muchos morían sin todos los Sacramentos.[40] Infelices heterodoxos de superficial incredulidad, en el fondo cristianos; cristianos tibios, buenos creyentes descuidados, pasaban a otra vida sin los consuelos del *oleum infirmorum*,[41] sin el aceite santo de la Iglesia..., y como Juan creía firmemente en la espiritual eficacia de los Sacramentos, su caridad fervorosa se empleaba en suplir faltas ajenas, multiplicándose en el servicio del Viático,[42] vigilando a los enfermos de peligro y a los moribundos. Corría a las aldeas próximas, a donde alcanzaba la parroquia de San Pedro; aun iba más lejos, a procurar que se avivara el celo de otros sacerdotes en misión tan delicada e importante. Para muchos esta especialidad del celo religioso de Juan de Dios no ofrecía el aspecto de grande obra caritativa; para él no había mejor modo de reemplazar aquella otra gran empresa a que había renunciado por amor a su madre. Dar limosna, consolar al triste, aconsejar bien, todo eso lo hacía con entusiasmo...; pero lo principal era lo otro. Llevar el Señor[43] a quien lo necesitaba. Conducir las almas hasta la puerta de la salvación, darles para la noche oscura del viaje eterno la antorcha de la fe, el Guía Divino..., ¡el mismo Dios! ¿Qué mayor caridad que esta?

39. Poco cuidado, negligencia.

40. Extremaunción, ceremonia de la religión católica que consiste en la unción con óleo (aceite) sagrado, hecha por el sacerdote a los fieles que se hallan en peligro inminente de morir.

41. En latín, 'óleo (aceite) de los enfermos'.

42. Ceremonia de la eucaristía (en la cual, por las palabras que el sacerdote pronuncia, se transustancian el pan y el vino en el cuerpo y la sangre de Cristo), que se administra a los enfermos que están en peligro de muerte.

43. Se refiere al sacramento de la comunión, que se lleva a los enfermos que están en peligro de muerte. El Viático. Es decir, llevar el Señor, Dios, a los enfermos.

V

Mas no bastaba. Juan presentía que su corazón y su pensamiento buscaban vida más fuerte, más llena, más poética, más ideal. Las lejanas aventuras apostólicas con una catástrofe santa por desenlace le hubieran satisfecho; la conciencia se lo decía: aquella poesía bastaba. Pero esto de acá no. Su cuerpo robusto, de hierro, que parecía predestinado a las fatigas de los largos viajes, a la lucha con los climas enemigos, le daba gritos extraños con mil punzadas en los sentidos. Comenzó a observar lo que nunca había notado antes, que sus compañeros luchaban con las tentaciones de la carne.[44] Una especie de remordimiento y de humildad mal entendida le llevó a la aprensión de empeñarse en sentir en sí mismo aquellas tentaciones que veía en otros a quien debía reputar más perfectos que él. Tales aprensiones fueron como una sugestión, y por fin sintió la carne y triunfó de ella, como los más de sus compañeros, por los mismos sabios remedios dictados por una santa y tradicional experiencia. Pero sus propios triunfos le daban tristeza, le humillaban. Él hubiera querido vencer sin luchar; no saber en la vida de semejante guerra. Al pisotear a los sentidos rebeldes, al encadenarlos con crueldad refinada, les guardaba rencor inagotable por la traición que le hacían; la venganza del castigo no le apagaba la ira contra la carne. «Allá lejos —pensaba— no hubiera habido esto; mi cuerpo y mi alma hubieran sido una armonía.»

---

44. Uno de los tres enemigos del alma, que, según el catecismo de la doctrina cristiana, inclina a la sensualidad y a la lascivia.

VI

Así vivía, cuando una tarde, paseando, ya cerca del oscurecer, por la plaza, muy concurrida, de San Pedro, sintió el choque de una mirada que parecía ocupar todo el espacio con una infinita dulzura. Por sitios de las entrañas que él jamás había sentido, se le paseó un escalofrío sublime, como si fuera precursor de una muerte de delicias: o todo iba a desvanecerse en un suspiro de placer universal, o el mundo iba a transformarse en un paraíso de ternuras inefables. Se detuvo; se llevó las manos a la garganta y al pecho. La misma conciencia, una muy honda, que le había dicho que allá lejos se habría satisfecho brindando con la propia sangre al amor divino, ahora le decía, no más clara: «O aquello o esto». Otra voz, más profunda, menos clara, añadió:

«Todo es uno.» Pero «no —gritó el alma del buen sacerdote—: Son dos cosas; esta más fuerte, aquella más santa. Aquella para mí, esta para otros». Y la voz de antes, la más honda, replicó: «No se sabe».

La mirada había desaparecido, Juan de Dios se repuso un tanto y siguió conversando con sus amigos, mientras de repente le asaltaba un recuerdo mezclado con la reminiscencia de una sensación lejana. Olió, con la imaginación, a agua de colonia, y vio sus manos blancas y pulidas extendiéndose sobre un grupo de fieles para que se las besaran. Él era un misacantano,[45] y entre los que le besaban las manos perfumadas, las puntas de los dedos, estaba una niña rubia, de abundante cabellera de seda rizada en ondas, de ojos negros, pálida, de expresión de inocente picardía mezclada con gesto de melancólico y como vergonzante pudor. Aquellos ojos eran los que acababan de mirarle. La niña era ya una joven esbelta, no

---

45. Sacerdote que dice o canta su primera misa.

muy alta, delgada, de una elegancia como enfermiza, como una diosa de la fiebre.[46] El amor por aquella mujer tenía que ir mezclado con dulcísima caridad. Se la debía querer también para cuidarla. Tenía un novio que no sabía de estas cosas. Era un joven muy rico, muy fatuo,[47] mimado por la fortuna y por sus padres. Tenía la mejor jaca[48] de la ciudad, el mejor tílburi,[49] la mejor ropa; quería tener la novia más bonita. Los dieciséis años de aquella niña fueron como una salida del sol, en que se fijó todo el mundo, que deslumbró a todos. De los dieciséis a los dieciocho la enfermedad que de años atrás ayudaba tanto a la hermosura de la rubia, que tanto había sufrido, desapareció para dejar paso a la juventud. Durante estos dos años Rosario, así se llamaba, hubiera sido en absoluto feliz... si su novio hubiese sido otro; pero el de la mejor jaca, el del mejor coche la quiso por vanidad, para que le tuvieran envidia; y aunque para entrar en su casa (de una viuda pobre también, como la madre de Juan, también de costumbres cristianas) tuvo que prometer seriedad, y muy pronto se vio obligado a prometer próxima y segura coyunda,[50] lo hizo aturdido, con la vaga conciencia de que no faltaría quien le ayudara a faltar a su palabra. Fueron sus padres, que querían algo mejor (más dinero) para su hijo.

El pollo[51] se fue a viajar, al principio de mala gana; volvió, y al emprender el segundo viaje ya iba contento. Y así siguie-

---

46. En la antigua Roma, la diosa Febris, como su propio nombre en latín indica, se invocaba para combatir la fiebre y los males físicos relacionados con algunas enfermedades.

47. Lleno de presunción o vanidad sin motivo y ridícula.

48. Yegua. Hembra del caballo.

49. Carruaje de dos ruedas grandes, ligero y sin cubierta, normalmente para dos personas y tirado por un solo caballo.

50. Unión conyugal. Relaciones sexuales entre los esposos.

51. Joven. Término coloquial.

ron aquellas relaciones, con grandes intermitencias de viajes, cada vez más largos. Rosario estaba enamorada, padecía…, pero tenía que perdonar. Su madre, la viuda, disimulaba también, porque si el caprichoso galán dejaba a su hija, el desengaño podía hacerla mucho mal; la enfermedad, acaso oculta, podía reaparecer, tal vez incurable. A los dieciocho años Rosario era la rubia más espiritual, más hermosa de su pueblo; sus ojos negros, grandes y apasionados dolorosamente, los más bellos, los más poéticos ojos…; pero ya no era el sol que salía. Estaba acaso más interesante que nunca, pero al vulgo ya no se lo parecía. «Se seca», decían brutalmente los muchachos que la habían admirado, y pasaban ahora de tarde en tarde por la solitaria plazoleta[52] en que Rosario vivía.

VII

Entonces fue cuando Juan de Dios tropezó con su mirada en la plaza de San Pedro. La historia de aquella joven llegó a sus oídos, a poco que quiso escuchar, por boca de los mismos amigos suyos, sacerdotes y todo. Estaba el novio ausente; era la quinta o sexta ausencia, la más larga. La enfermedad volvía. Rosario luchaba; salía con su madre porque no dijeran; pero la rendía el mal, y pasaba temporadas de ocho y quince días en el lecho.

Las tristezas de la niñez enfermiza volvían, mas ahora con la nueva amargura del amor burlado, escarnecido.[53] Sí, escarnecido; ella lo iba comprendiendo; su madre también, pero se engañaban mutuamente. Fingían creer en la palabra

---

52. Plazuela. Plaza pequeña.
53. Engañado.

y en el amor del que no volvía. Las cartas del ricacho[54] escaseaban, y como era él poco escritor, dejaban ver la frialdad, la distracción con que se redactaban. Cada carta era una alegría al llegar, un dolor al leerla. Todo el bien que las recetas y los consejos higiénicos del médico podían causar en aquel organismo débil, que se consumía entre ardores y melancolías, quedaba deshecho cada pocos días por uno de aquellos infames papeles.

Y ni la madre ni la hija procuraban un rompimiento que aconsejaba la dignidad, porque cada una a su modo, temían una catástrofe. Había, lo decía el doctor, que evitar una emoción fuerte. Era menos malo dejarse matar poco a poco. La dignidad se defendía a fuerza de engañar al público, a los maliciosos que acechaban.

Rosario, cuando la salud lo permitía, trabajaba junto a su balcón, con rostro risueño, desdeñando las miradas de algunos adoradores que pasaban por allí; pero no el trato del mundo como en los mejores días de sus amores y de su dicha. A veces la verdad podía más que ella y se quedaba triste y sus miradas pedían socorro para el alma…

Todo esto, y más, acabó por notarlo Juan de Dios, que para ir a muchas partes pasaba desde entonces por la plazoleta en que vivía Rosario. Era una rinconada cerca de la iglesia de un convento que tenía una torre esbelta, que, en las noches de luna, en las de cielo estrellado y en las de vaga niebla, se destacaba romántica, tiñendo de poesía mística todo lo que tenía a su sombra, y sobre todo el rincón de casas humildes que tenía al pie como a su amparo.

---

54. Persona rica, aunque vulgar y de clase social baja. Es un término despectivo.

VIII

Juan de Dios no dio nombre a lo que sentía, ni aun al llegar a verlo en forma de remordimiento. Al principio aturdido, subyugado[55] con el egoísmo invencible del placer, no hizo más que gozar de su estado. Nada pedía, nada deseaba; solo veía que ya había para qué vivir, sin morir en Asia.

Pero a la segunda vez que por casualidad su mirada volvió a encontrarse con la de Rosario, apoyada con tristeza en el antepecho de su balcón, Juan tuvo miedo a la intensidad de sus emociones, de aquella sensación dulcísima, y aplicó groseramente nombres vulgares a su sentimiento. En cuanto la palabra interior pronunció tales nombres, la conciencia se puso a dar terribles gritos, y también dictó sentencia con palabras terminantes, tan groseras e inexactas como los nombres aquellos. «Amor sacrílego, tentación de la carne.» «¡De la carne!» Y Juan estaba seguro de no haber deseado jamás ni un beso de aquella criatura: nada de aquella carne, que más le enamoraba cuanto más se desvanecía. «¡Sofisma,[56] sofisma!», gritaba el moralista oficial, el teólogo…, y Juan se horrorizaba a sí mismo. No había más remedio. Había que confesarlo.[57] ¡Esto era peor!

Si la plasticidad tosca, grosera, injusta con que se representaba a sí propio su sentir era ya cosa tan diferente de la verdad inefable, incalificable de su pasión, o lo que fuera, ¿cuánto más impropio, injusto, grosero, desacertado, incongruente[58] había de ser el juicio que otros pudieran formar al oírle confesar lo que sentía, pero sin oírle sentir? Juan, confusamente, comprendía estas dificultades: que iba a ser injusto consigo mismo,

55. Dominado.
56. Razón o argumento falso, aunque parezca verdad.
57. En la religión católica los fieles deben declarar al sacerdote, confesor, los pecados cometidos.
58. Incomprensible, que no tiene relación con algo.

que iba a alarmar excesivamente al padre espiritual... ¡No cabía explicarle la cosa bien! Buscó un compañero discreto, de experiencia. El compañero no le comprendió. Vio el pecado mayor, por lo mismo que era romántico, platónico. «Era que el diablo se disfrazaba bien; pero allí andaba el diablo.»

Al oír de labios ajenos aquellas imposturas[59] que antes se decía él a sí mismo, Juan sintió voces interiores que salían a la defensa de su idealidad herida, profanada. Ni la clase de penitencia que se le imponía, ni los consejos de higiene moral que le daban, tenían nada que ver con su nueva vida: era otra cosa. Cambió de confesor y no cambió de sentencia ni de pronósticos. Más irritada cada vez la conciencia de la justicia en él, se revolvía contra aquella torpeza para entenderla. Y, sin darse cuenta de lo que hacía, cambió el rumbo de su confesión; presentaba el caso con nuevo aspecto, y los nuevos confesores llegaron a convencerse de que se trataba de una tontería sentimental, de una ociosidad seudomística, de una cosa tan insulsa como inocente.

Llegó día en que al abordar este capítulo el confesor le mandaba pasar a otra materia, sin oírle aquellos platonismos. Hubo más. Lo mismo Juan que sus sagrados confidentes llegaron a notar que aquel ensueño difuso, inexplicable, coincidía, si no era causa, con una disposición más refinada en la moralidad del penitente; si antes Juan no caía en las tentaciones groseras de la carne, las sentía a lo menos; ahora no..., jamás. Su alma estaba más pura de esta mancha que en los mejores tiempos de su esperanza de martirio en Oriente. Hubo un confesor, tal vez indiscreto, que se detuvo a considerar el caso, aunque se guardó de convertir la observación en receta. Al fin, Juan acabó por callar en el confesionario todo lo referente a esta situación de su alma; y pues él solo en rigor podía

---

59. Engaños, mentiras, falsedades.

comprender lo que le pasaba, porque lo sentía, él solo vino a ser juez y espía y director de sí mismo en tal aventura. Pasó tiempo, y ya nadie supo de la tentación, si lo era, en que Juan de Dios vivía. Llegó a abandonarse a su adoración como a una delicia lícita, edificante.[60]

De tarde en tarde, por casualidad siempre, pensaba él, los ojos de la niña enferma, asomada a su balcón de la rinconada, se encontraban con la mirada furtiva, de relámpago, del joven místico, mirada en que había la misma expresión tierna, amorosa de los ojos del niño que algún día todos acariciaban en la calle, en el templo.

Sin remordimiento ya, saboreaba Juan aquella dicha sin porvenir, sin esperanza y sin deseos de mayor contento. No pedía más, no quería más, no podía haber más.

No ambicionaba correspondencia que sería absurda, que le repugnaría a él mismo, y que rebajaría a sus ojos la pureza de aquella mujer a quien adoraba idealmente como si ya estuviera allá en el cielo, en lo inasequible. Con amarla, con saborear aquellos rápidos choques de miradas tenía bastante para ver el mundo iluminado de una luz purísima, bañándose en una armonía celeste llena de sentido, de vigor, de promesas ultraterrenas. Todos sus deberes los cumplía con más ahínco,[61] con más ansia; era un refresco espiritual sublime, de una virtud mágica, aquella adoración muda, inocente adoración que no era idolátrica, que no era un fetichismo,[62] porque Juan sabía supeditarla al orden universal, al amor divino. Sí; amaba y veneraba las cosas por su orden y jerarquía, solo que al llegar a la niña de la rinconada de las Recoletas, el amor que se debía

---

60. Beneficiosa, placentera.
61. Eficacia, empeño o fuerza con que se hace o solicita algo.
62. Veneración, adoración excesiva y casi enfermiza de algo o de alguien.

a todo se impregnaba de una dulzura infinita que transcendía a los demás amores, al de Dios inclusive.

Para mayor prueba de la pureza de su idealidad, tenía el dolor que le acompañaba. ¡Ah, sí! Padecía ella, bien lo observaba Juan, y padecía él. Era, en lo profano[63] (¡qué palabra! —pensaba Juan—) como el amor a la Virgen de las Espadas, a la Dolorosa.[64] En rigor, todo el amor cristiano era así: amor doloroso, amor de luto, amor de lágrimas.

IX

«Bien lo veía él; Rosario iba marchitándose. Luchaba en vano, fingía en vano.» Juan la compadecía tanto como la amaba. ¡Cuántas noches, al mismo tiempo, estarían ella y él pidiendo a Dios lo mismo: que volviera aquel hombre por quien se moría Rosario! «¡Sí —se decía Juan—, que vuelva! Yo no sé lo que será para mí verle junto a ella, pero de todo corazón le pido a Dios que vuelva. ¿Por qué no? Yo no aspiro a nada; yo no puedo tener celos; yo no quiero su cuerpo, ni aun de su alma más que lo que ella da sin querer en cada mirada que por azar llega a la mía. Mi cariño sería infame si no fuera así.» Juan no maldecía sus manteos; no encontraba una cadena en su estado; no, cada vez era mejor sacerdote, estaba más contento de su destino. Mucho menos envidiaba al clero protestante.[65]

---

63. *Profano* es lo que no es sagrado, lo que no es religioso.

64. El símbolo de los siete puñales clavados en un corazón es un elemento de la iconografía del culto a María, madre de Jesucristo. Los siete puñales representan los siete dolores de la Virgen María, referidos a los sucesos de la vida, pasión y muerte de su Hijo.

65. Los *protestantes* son los que profesan el *protestantismo*, religión nacida en el siglo XVI a partir del catolicismo, tras la Reforma protestante del religioso alemán Martín Lutero.

Un discípulo de Jesús casado... ¡Ca![66] Imposible. Absurdo. El protestantismo acabaría por comprender que el matrimonio de los clérigos es una torpeza, una fealdad, una falsedad que desnaturaliza y empequeñece la idea cristiana y la misión eclesiástica. Nada; todo estaba bien. Él no pedía nada para sí; todo para ella.

Rosario debía de estar muy sola en su dolor. No tenía amigas. Su madre no hablaba con ella de la pena en que pensaban siempre las dos. El mundo, la gente, no compadecía, espiaba con frialdad maliciosa. Algunas voces de lástima humillante con que los vecinos apuntaban la idea de que Rosario se quedaba sin novio, enferma y pobre, más valía, según Juan, que no llegasen a oídos de la joven.

Solo él compartía su dolor, solo él sufría tanto como ella misma. Pero la ley era que esto no lo supiera ella nunca. El mundo era así. Juan no se sublevaba, pero le dolía mucho. Días y más días contemplaba los postigos[67] del balcón de Rosario, entornados. El corazón se le subía a la garganta:

«Era que guardaba cama; la debilidad la había vencido hasta el punto de postrarla.»[68] Solía durar semanas aquella tristeza de los postigos entornados; entornados, sin duda, para que la claridad del día no hiciese daño a la enferma. Detrás de los vidrios de otro balcón, Juan divisaba a la madre de Rosario, a la viuda enlutada, que cosía por las dos, triste, meditabunda, sin levantar cabeza. ¡Qué solas estaban! No podían adivinar que él, un transeúnte, las acompañaba en su tristeza, en su soledad, desde lejos... Hasta sería una ofensa para todos que lo supieran.

---

66. Exclamación coloquial, por lo general para negar algo.
67. Cada una de las puertas pequeñas que hay en las ventanas o contraventanas.
68. Tumbarla. Dejarla en la cama.

Por la noche, cuando nadie podía sorprenderle, Juan pasaba dos, tres, más veces por la rinconada; la torre poética, misteriosa, o sumida en la niebla, o destacándose en el cielo como con un limbo de luz estelar, le ofrecía en su silencio místico un discreto confidente; no diría nada del misterioso amor que presenciaba, ella, canción de piedra elevada por la fe de las muertas generaciones al culto de otro amor misterioso. En la casa humilde todo era recogimiento, silencio. Tal vez por un resquicio[69] salía del balcón una raya de luz. Juan, sin saberlo, se embelesaba contemplando aquella claridad. «Si duerme ella, yo velo. Si vela... ¿quién le diría que un hombre, al fin soy un hombre, piensa en su dolor y en su belleza espiritual, de ángel, aquí, tan cerca... y tan lejos; desde la calle... y desde lo imposible? No lo sabrá jamás, jamás. Esto es absoluto: jamás. ¿Sabe que vivo? ¿Se ha fijado en mí? ¿Puede sospechar lo que siento? ¿Adivinó ella esta compañía de su dolor?» Aquí empezaba el pecado. No, no había que pensar en esto. Le parecía, no solo sacrílega, sino ridícula la idea de ser querido..., a lo menos así, como las mujeres solían querer a los hombres. No, entre ellos no había nada común más que la pena de ella, que él había hecho suya.

X

Una tarde de julio un acólito[70] de San Pedro buscó a Juan de Dios, en su paseo solitario por las alamedas, para decirle que corría prisa volver a la iglesia para administrar el Viático. Era la escena de todos los días. Juan, según su costumbre, poco

---

69. Abertura pequeña de la puerta.
70. En el catolicismo, persona que no es sacerdote, pero que ayuda en la iglesia.

conforme con la general, pero sí con las amonestaciones de la Iglesia, llevaba, además de la Eucaristía, los Santos Óleos. El acólito que tocaba la campanilla delante del triste cortejo[71] guiaba. Juan no había preguntado para quién era; se dejaba llevar. Notó que el farol lo había cogido un caballero y que los cirios se habían repartido en abundancia entre muchos jóvenes conocidos de buen porte. Salieron a la plaza y las dos filas de luces rojizas que el bochorno de la tarde tenía como dormidas, se quebraron, paralelas, torciendo por una calle estrecha. Juan sintió una aprensión dolorosa; no podía ya preguntar a nadie, porque caminaba solo, aislado, por medio del arroyo, con las manos unidas para sostener las Sagradas Formas.[72] Llegaron a la plazuela de las Descalzas, y las luces, tras el triste lamento de la[73] esquila, guiándose como un rebaño de espíritus, místico y fúnebre, subieron calle arriba por la de Cereros. En los Cuatro Cantones Juan vio una esperanza: si la campanilla seguía de frente, bajando por la calle de Platerías, bueno; si tiraba a la derecha, también; pero si tomaba la izquierda... Tomó por la izquierda, y por la izquierda doblaban los cirios desapareciendo.

Juan sintió que la aprensión[74] se le convertía en terrible presentimiento; en congoja fría, en temblor invencible.

Apretaba convulso[75] su sagrada carga para no dejarla caer;

---

71. Antiguamente el sacerdote iba a casa del enfermo para dar la extremaunción, acompañado de una pequeña comitiva que anunciaba su paso con una campanilla.

72. Pedazos de pan ácimo (sin levadura) de harina de trigo con forma circular que se ofrece en la eucaristía o misa cristiana (sobre todo, en la tradición litúrgica de occidente) como ofrenda o sacrificio incruento, es decir, sin derramamiento de sangre. Se celebra como recuerdo de la Última Cena entre Jesucristo y sus discípulos.

73. Campana pequeña.

74. Inquietud, temor a que alguna cosa o acto pueda resultar negativo o perjudicial.

75. Inquieto, nervioso.

los pies se le enredaban en la ropa talar.[76] El crepúsculo en aquella estrechez, entre casas altas, sombrías, pobres, parecía ya la noche. Al fin de la calle larga, angosta, estaba la plazuela de las Recoletas. Al llegar a ella miró Juan a la torre como preguntándole, como pidiéndole amparo… Las luces tristes descendían hacia la rinconada, y las dos filas se detuvieron a la puerta a que nunca había osado llegar Juan de Dios en sus noches de vigilia amorosa y sin pecado. La comitiva no se movía; era él, Juan, el sacerdote, el que tenía que seguir andando. Todos le miraban, todos le esperaban. Llevaba a Dios.

Por eso, porque llevaba en sus manos al Señor, la salud del alma, pudo seguir, aunque despacio, esperando a que un pie estuviera bien firme sobre el suelo para mover el otro. No era él quien llevaba al Señor, era el Señor quien le llevaba a él: iba agarrado al sacro depósito que la Iglesia le confiaba como a una mano que del cielo le tendieran.

«¡Caer, no!», pensaba. Hubo un instante en que su dolor desapareció para dejar sitio al cuidado absorbente de no caer. Llegó al portal, inundado de luz. Subió la escalera, que jamás había visto. Entró en una salita pobre, blanqueada, baja de techo. Un altarcito improvisado estaba enfrente, iluminado por cuatro cirios. Le hicieron torcer a la derecha, levantaron una cortina; y en una alcoba pequeña, humilde, pero limpia, fresca, santuario de casta virginidad, en un lecho de hierro pintado, bajo una colcha de flores de color de rosa, vio la cabeza rubia que jamás se había atrevido a mirar a su gusto, y entre aquel esplendor de oro vio los ojos que le habían transformado el mundo mirándole sin querer. Ahora le miraban fijos, a él, solo a él. Le esperaban, le deseaban; porque llevaba el bien

---

76. Ropa larga que llega hasta los talones (parte del cuerpo del que toma ese nombre). La ropa talar se empleó como vestido en la Edad Media, y se sigue utilizando como indumentaria eclesiástica.

verdadero, el que no es barro, el que no es viento, el que no es mentira. «¡Divino Sacramento!», pensó Juan, que, a través de su dolor, vio como en un cuadro, en su cerebro, la última Cena y al apóstol de su nombre, al dulce san Juan,[77] al bien amado, que desfalleciendo de amor apoyaba la cabeza en el hombro del Maestro que les repartía en un poco de pan su cuerpo.

El sacerdote y la enferma se hablaron por vez primera en la vida. De las manos de Juan recibió Rosario la Sagrada Hostia,[78] mientras a los pies del lecho, la madre, de rodillas, sollozaba.

Después de comulgar, la niña sonrió al que le había traído aquel consuelo. Procuró hablar y, con voz muy dulce y muy honda, dijo que le conocía, que recordaba haberle besado las manos el día de su primera misa, siendo ella muy pequeña; y después, que le había visto pasar muchas veces por la plazuela.

—Debe usted de vivir por ahí cerca...

Juan de Dios contemplaba tranquilo, sin vergüenza, sin remordimiento, aquellos pálidos, aquellos pobres músculos muertos, aniquilados. «He aquí la carne que yo adoraba, que yo adoro», pensó sin miedo, contento de sí mismo en medio del dolor de aquella muerte. Y se acordó de las velas como juncos que tan pronto se consumían ardiendo en su altar de niño.

Rosario misma pidió la Extremaunción. La madre dijo que era lo convenido entre ellas. Era malo esperar demasiado. En aquella casa no asustaban como síntomas de muerte estos santos cuidados de la religión solícita. Juan de Dios comprendió que se trataba de cristianas verdaderas, y se puso a administrar el último sacramento sin preparativos contra la aprensión y el miedo; nada tenía que ver aquello con la muer-

---

77. Discípulo de Jesucristo que pertenecía al llamado «círculo de dilectos» de Jesús que estuvo con él en ocasiones especiales.
78. Sagrada Forma. (Ver nota 72).

te, sino con la vida eterna. La presencia de Dios unía en un vínculo puro, sin nombre, aquellas almas buenas. Este tocado último, el supremo, lo hizo Rosario sonriente, aunque ya no pudo hablar más que con los ojos. Juan la ayudó en él con toda la pureza espiritual de su dignidad, sagrada en tal oficio. Todo lo meramente humano estaba allí como en suspenso.

Pero hubo que separarse. Juan de Dios salió de la alcoba, atravesó la sala, llegó a la escalera... y pudo bajarla porque llevaba el Señor en sus manos. A cada escalón temía desplomarse. Haciendo eses llegó al portal. El corazón se le rompía. La transfiguración[79] de allá arriba había desaparecido. Lo humano, puro también a su modo, volvía a borbotones.[80]

«¡No volvería a ver aquellos ojos!» Al primer paso que dio en la calle, Juan se tambaleó, perdió la vista y vino a tierra. Cayó sobre las losas de la acera. Le levantaron; recobró el sentido. El *oleum infirmorum* corría lentamente sobre la piedra bruñida.[81] Juan, aterrado, pidió algodones, pidió fuego; se tendió de bruces, empapó el algodón, quemó el líquido vertido, enjugó la piedra lo mejor que pudo. Mientras se afanaba, el rostro contra la tierra, secando la losa, sus lágrimas corrían y caían, mezclándose con el óleo derramado. Cesó el terror. En medio de su tristeza infinita se sintió tranquilo, sin culpa. Y una voz honda, muy honda, mientras él trabajaba para evitar toda profanación, frotando la piedra manchada de aceite, le decía en las entrañas:

«¿No querías el martirio por amor Mío? Ahí lo tienes. ¿Qué importa en Asia o aquí mismo? El dolor y Yo estamos en todas partes.»

---

79. Cambio de figura o aspecto.
80. *A borbotones*: 'a impulsos; aceleradamente'.
81. Brillante.

¡Adiós, Cordera!

¡Eran tres: siempre los tres! Rosa, Pinín y la Cordera.

El *prao*[1] Somonte era un recorte triangular de terciopelo verde tendido, como una colgadura, cuesta abajo por la loma.[2] Uno de sus ángulos, el inferior, lo despuntaba el camino de hierro de Oviedo a Gijón. Un palo del telégrafo, plantado allí como pendón[3] de conquista, con sus jícaras[4] blancas y sus alambres paralelos, a derecha e izquierda, representaba para Rosa y Pinín el ancho mundo desconocido, misterioso, temible, eternamente ignorado. Pinín, después de pensarlo mucho, cuando a fuerza de ver días y días el poste tranquilo, inofensivo, campechano, con ganas, sin duda, de aclimatarse en la aldea y parecerse todo lo posible a un árbol seco, fue atreviéndose con él, llevó la confianza al extremo de abrazarse al leño y trepar hasta cerca de los alambres. Pero nunca llegaba a tocar la porcelana de arriba, que le recordaba las jícaras que había visto en la rectoral de Puao. Al verse tan cerca del mis-

---

1. Prado. Forma coloquial.
2. Cerro. Montaña baja.
3. Bandera.
4. Una *jícara* es una taza para tomar chocolate. Aquí se refiere a las piezas blancas de cerámica que se colocaban en los cables de telégrafo o eléctricos como aislantes.

terio sagrado, le acometía⁵ un pánico de respeto, y se dejaba resbalar deprisa hasta tropezar con los pies en el césped.

Rosa, menos audaz, pero más enamorada de lo desconocido, se contentaba con arrimar el oído al palo del telégrafo, y minutos, y hasta cuartos de hora, pasaba escuchando los formidables rumores metálicos que el viento arrancaba a las fibras del pino seco en contacto con el alambre. Aquellas vibraciones, a veces intensas como las del diapasón, que, aplicado al oído, parece que quema con su vertiginoso latir, eran para Rosa los *papeles* que pasaban, las *cartas* que se escribían por los *hilos,* el lenguaje incomprensible que lo ignorado hablaba con lo ignorado; ella no tenía curiosidad por entender lo que los de allá, tan lejos, decían a los del otro extremo del mundo. ¿Qué le importaba? Su interés estaba en el ruido por el ruido mismo, por su timbre y su misterio.

La Cordera, mucho más formal que sus compañeros, verdad es que, relativamente, de edad también mucho más madura, se abstenía de toda comunicación con el mundo civilizado, y miraba de lejos el palo del telégrafo, como lo que era para ella, efectivamente, como cosa muerta, inútil, que no le servía siquiera para rascarse. Era una vaca que había vivido mucho. Sentada horas y horas, pues, experta en pastos, sabía aprovechar el tiempo, meditaba más que comía, gozaba del placer de vivir en paz, bajo el cielo gris y tranquilo de su tierra, como quien alimenta el alma, que también tienen los brutos; y si no fuera profanación,⁶ podría decirse que los pensamientos de la vaca matrona, llena de experiencia, debían de parecerse todo lo posible a las más sosegadas y doctrinales odas de Horacio.⁷

Asistía a los juegos de los pastorcicos encargados de *llin-*

---

5. Le atacaba. Le llegaba de repente y de forma violenta.
6. Pecado, locura.
7. Poeta lírico y satírico latino. (65 a.C.-8 a.C.).

darla,[8] como una abuela. Si pudiera, se sonreiría al pensar que Rosa y Pinín tenían por misión en el prado cuidar de que ella, la Cordera, no se extralimitase, no se metiese por la vía del ferrocarril ni saltara a la heredad vecina. ¡Si no iba a saltar! ¡Si no se iba a meter!

Pastar de cuando en cuando, no mucho, cada día menos, pero con atención, sin perder el tiempo en levantar la cabeza por curiosidad necia, escogiendo sin vacilar los mejores bocados, y, después, sentarse sobre el cuarto trasero con delicia, a rumiar la vida, a gozar el deleite del no padecer, del dejarse existir: esto era lo que ella tenía que hacer, y todo lo demás aventuras peligrosas. Ya no recordaba cuándo le había picado la mosca.

«El *xatu*,[9] los saltos locos por las praderas adelante… ¡todo esto estaba tan lejos!»

Aquella paz solo se había turbado en los días de prueba de la inauguración del ferrocarril. La primera vez que la Cordera vio pasar el tren, se volvió loca. Saltó la *sebe*[10] de lo más alto del Somonte, corrió por prados ajenos, y el terror duró muchos días, renovándose, más o menos violento, cada vez que la máquina asomaba por la trinchera vecina. Poco a poco se fue acostumbrando al estrépito[11] inofensivo. Cuando llegó a convencerse de que era un peligro que pasaba, una catástrofe que amenazaba sin dar, redujo sus precauciones a ponerse en pie y a mirar de frente, con la cabeza erguida, al formidable monstruo; más adelante no hacía más que mirarle, sin levantarse, con antipatía y desconfianza; acabó por no mirar al tren siquiera.

En Pinín y Rosa la novedad del ferrocarril produjo impresiones más agradables y persistentes. Si al principio era una

---

8. Palabra asturiana: *llindar* o *llendar* es cuidar el ganado para que no haga daño en los pastos ni sobrepase los límites, las *lindes* de una finca.
9. En asturiano, toro semental, toro de cría.
10. Valla. Cerca hecha con madera y ramas de árboles.
11. Ruido muy fuerte.

alegría loca, algo mezclada de miedo supersticioso, una excitación nerviosa, que les hacía prorrumpir en gritos, gestos, pantomimas descabelladas, después fue un recreo pacífico, suave, renovado varias veces al día. Tardó mucho en gastarse aquella emoción de contemplar la marcha vertiginosa, acompañada del viento, de la gran culebra de hierro, que llevaba dentro de sí tanto ruido y tantas castas de gentes desconocidas, extrañas.

Pero telégrafo, ferrocarril, todo eso, era lo de menos: un accidente pasajero que se ahogaba en el mar de soledad que rodeaba el *prao* Somonte. Desde allí no se veía vivienda humana; allí no llegaban ruidos del mundo más que al pasar el tren. Mañanas sin fin, bajo los rayos del sol a veces, entre el zumbar de los insectos, la vaca y los niños esperaban la proximidad del mediodía para volver a casa. Y luego, tardes eternas, de dulce tristeza silenciosa, en el mismo prado, hasta venir la noche, con el lucero vespertino por testigo mudo en la altura. Rodaban las nubes allá arriba, caían las sombras de los árboles y de las peñas en la loma, y en la cañada se acostaban los pájaros, empezaban a brillar algunas estrellas en lo más oscuro del cielo azul, y Pinín y Rosa, los niños gemelos, los hijos de Antón de Chinta, teñida el alma de la dulce serenidad soñadora de la solemne y seria Naturaleza, callaban horas y horas, después de sus juegos, nunca muy estrepitosos, sentados cerca de la Cordera, que acompañaba el augusto silencio de tarde en tarde con un blando son de perezosa esquila.[12]

En este silencio, en esta calma inactiva, había amores. Se amaban los dos hermanos como dos mitades de un fruto verde, unidos por la misma vida, con escasa conciencia de lo que en ellos era distinto, de cuánto los separaba; amaban Pinín y Rosa a la Cordera, la vaca abuela, grande, amarillenta, cuyo

---

12. Cencerro pequeño, especie de campana que llevan las vacas y otros animales al cuello.

testuz[13] parecía una cuna. La Cordera recordaría a un poeta la *zavala* del *Ramayana*,[14] la vaca santa; tenía en la amplitud de sus formas, en la solemne serenidad de sus pausados y nobles movimientos, aires y contornos de ídolo destronado, caído, contento con su suerte, más satisfecha con ser vaca verdadera que dios falso. La Cordera, hasta donde es posible adivinar estas cosas, puede decirse que también quería a los gemelos encargados de apacentarla.

Era poco expresiva; pero la paciencia con que los toleraba cuando en sus juegos ella les servía de almohada, de escondite, de montura, y para otras cosas que ideaba la fantasía de los pastores, demostraba tácitamente el afecto del animal pacífico y pensativo.

En tiempos difíciles, Pinín y Rosa habían hecho por la Cordera los imposibles de solicitud y cuidado. No siempre Antón de Chinta había tenido el prado Somonte. Este regalo era cosa relativamente nueva. Años atrás, la Cordera tenía que salir *a la gramática,* esto es, a apacentarse como podía, a la buena ventura de los caminos y callejas de las rapadas y escasas praderías del común, que tanto tenían de vía pública como de pastos. Pinín y Rosa, en tales días de penuria, la guiaban a los mejores altozanos,[15] a los parajes más tranquilos y menos esquilmados, y la libraban de las mil injurias a que están expuestas las pobres reses que tienen que buscar su alimento en los azares de un camino.

En los días de hambre, en el establo, cuando el heno escaseaba, y el narvaso[16] para *estrar*[17] el lecho caliente de la vaca

13. Frente. Parte de la cabeza donde están los cuernos.
14. Relato tradicional de la India escrito en el siglo II a. C.
15. Cerro o monte de poca altura en terreno llano.
16. Tallo y hojas de la planta del maíz. Se usa como alimento del ganado.
17. Palabra asturiana: 'extender en el suelo'.

faltaba también, a Rosa y a Pinín debía la Cordera mil industrias que la hacían más suave la miseria. ¡Y qué decir de los tiempos heroicos del parto y la cría, cuando se entablaba la lucha necesaria entre el alimento y regalo de la nación, y el interés de los Chintos, que consistía en robar a las ubres de la pobre madre toda la leche que no fuera absolutamente indispensable para que el ternero subsistiese! Rosa y Pinín, en tal conflicto, siempre estaban de parte de la Cordera, y en cuanto había ocasión, a escondidas, soltaban el recental,[18] que, ciego, y como loco, a testaradas[19] contra todo, corría a buscar el amparo de la madre, que le albergaba bajo su vientre, volviendo la cabeza agradecida y solícita, diciendo, a su manera:

—Dejad a los niños y a los recentales que vengan a mí.[20]
Estos recuerdos, estos lazos, son de los que no se olvidan.

Añádase a todo que la Cordera tenía la mejor pasta de vaca sufrida del mundo. Cuando se veía emparejada bajo el yugo con cualquier compañera, fiel a la gamella,[21] sabía someter su voluntad a la ajena, y horas y horas se la veía con la cerviz[22] inclinada, la cabeza torcida, en incómoda postura, velando en pie mientras la pareja dormía en tierra.

Antón de Chinta comprendió que había nacido para pobre cuando palpó la imposibilidad de cumplir aquel sueño dorado

---

18. Ternero, cría de la vaca que solo toma leche y aún no ha comido hierba.
19. Golpes dados con la cabeza.
20. Cita del Evangelio: «Jesús dijo: Dejad que los niños vengan a mí y no se lo impidáis; porque de los tales es el reino de los cielos» Mateo 19:14.
21. Arco que se forma en cada extremo del yugo y que se coloca en el cuello de cada uno de los dos animales que forman la yunta.
22. Nuca. Parte trasera del cuello.

suyo de tener un *corral* propio con dos yuntas[23] por lo menos. Llegó, gracias a mil ahorros, que eran mares de sudor y purgatorios de privaciones, llegó a la primera vaca, la Cordera, y no pasó de ahí; antes de poder comprar la segunda se vio obligado, para pagar atrasos al amo, el dueño de la casería que llevaba en renta, a llevar al mercado a aquel pedazo de sus entrañas, la Cordera, el amor de sus hijos. Chinta había muerto a los dos años de tener la Cordera en casa. El establo y la cama del matrimonio estaban pared por medio, llamando pared a un tejido de ramas de castaño y de cañas de maíz. La Chinta, musa de la economía en aquel hogar miserable, había muerto mirando a la vaca por un boquete del destrozado tabique de ramaje, señalándola como salvación de la familia.

«Cuidadla, es vuestro sustento», parecían decir los ojos de la pobre moribunda, que murió extenuada de hambre y de trabajo.

El amor de los gemelos se había concentrado en la Cordera; el regazo, que tiene su cariño especial, que el padre no puede reemplazar, estaba al calor de la vaca, en el establo, y allá, en el Somonte.

Todo esto lo comprendía Antón a su manera, confusamente. De la venta necesaria no había que decir palabra a los *neños*.[24] Un sábado de julio, al ser de día, de mal humor Antón, echó a andar hacia Gijón, llevando la Cordera por delante, sin más atavío que el collar de esquila. Pinín y Rosa dormían. Otros días había que despertarlos a azotes. El padre los dejó tranquilos. Al levantarse se encontraron sin la Cordera. «Sin duda, *mío pá*[25] la había llevado al *xatu*.» No cabía otra conjetura. Pinín y Rosa opinaban que la vaca iba de mala gana;

---

23. Pareja de bueyes, mulas u otros animales que trabajan en el campo.
24. Forma asturiana de llamar a los niños.
25. Mi padre.

creían ellos que no deseaba más hijos, pues todos acababa por perderlos pronto, sin saber cómo ni cuándo.

Al oscurecer, Antón y la Cordera entraban por la *corrada*[26] mohínos,[27] cansados y cubiertos de polvo. El padre no dio explicaciones, pero los hijos adivinaron el peligro.

No había vendido, porque nadie había querido llegar al precio que a él se le había puesto en la cabeza. Era excesivo: un sofisma[28] del cariño. Pedía mucho por la vaca para que nadie se atreviese a llevársela. Los que se habían acercado a intentar fortuna se habían alejado pronto echando pestes[29] de aquel hombre que miraba con ojos de rencor y desafío al que osaba insistir en acercarse al precio fijo en que él se abroquelaba.[30] Hasta el último momento del mercado estuvo Antón de Chinta en el Humedal, dando plazo a la fatalidad. «No se dirá —pensaba— que yo no quiero vender: son ellos que no me pagan la Cordera en lo que vale.» Y, por fin, suspirando, si no satisfecho, con cierto consuelo, volvió a emprender el camino por la carretera de Candás adelante, entre la confusión y el ruido de cerdos y novillos, bueyes y vacas, que los aldeanos de muchas parroquias del contorno conducían con mayor o menor trabajo, según eran de antiguo las relaciones entre dueños y bestias.

En el Natahoyo, en el cruce de dos caminos, todavía estuvo expuesto el de Chinta a quedarse sin la Cordera; un vecino de Carrió que le había rondado todo el día ofreciéndole pocos duros[31] menos de los que pedía, le dio el último ataque, algo borracho.

---

26. El corral.
27. Triste, disgustado, sin ganas de hablar.
28. Razón o argumento falso con apariencia de verdad.
29. *Echar pestes*: 'hablar muy mal de algo o de alguien'.
30. Se empeñaba. No quería de ninguna manera cambiar el precio.
31. Moneda de cinco pesetas.

El de Carrió subía, subía, luchando entre la codicia y el capricho de llevar la vaca. Antón, como una roca. Llegaron a tener las manos enlazadas, parados en medio de la carretera, interrumpiendo el paso... Por fin, la codicia pudo más; el pico de los cincuenta los separó como un abismo; se soltaron las manos, cada cual tiró por su lado; Antón, por una calleja que, entre madreselvas que aún no florecían y zarzamoras en flor, le condujo hasta su casa.

Desde aquel día en que adivinaron el peligro, Pinín y Rosa no sosegaron. A media semana se personó el mayordomo en el corral de Antón. Era otro aldeano de la misma parroquia, de malas pulgas, cruel con los caseros atrasados. Antón, que no admitía reprimendas, se puso lívido[32] ante las amenazas de desahucio.

El amo no esperaba más. Bueno, vendería la vaca a vil[33] precio, por una merienda. Había que pagar o quedarse en la calle.

Al sábado inmediato acompañó al Humedal Pinín a su padre. El niño miraba con horror a los contratistas de carnes, que eran los tiranos del mercado. La Cordera fue comprada en su justo precio por un rematante[34] de Castilla. Se la hizo una señal en la piel y volvió a su establo de Puao, ya vendida, ajena, tañendo tristemente la esquila. Detrás caminaban Antón de Chinta, taciturno, y Pinín, con ojos como puños. Rosa, al saber la venta, se abrazó al testuz de la Cordera, que inclinaba la cabeza a las caricias como al yugo.

«¡Se iba la vieja! —pensaba con el alma destrozada Antón el huraño—. Ella era una bestia, pero sus hijos no tenían otra madre ni otra abuela.»

---

32. Pálido. Blanco.
33. Bajo, inapropiado.
34. Persona a quien se entrega el objeto o animal subastado.

Aquellos días en el pasto, en la verdura del Somonte, el silencio era fúnebre. La Cordera, que ignoraba su suerte, descansaba y pacía[35] como siempre, *sub specie æternitatis,*[36] como descansaría y comería un minuto antes de que el brutal porrazo[37] la derribase muerta. Pero Rosa y Pinín yacían desolados, tendidos sobre la hierba, inútil en adelante. Miraban con rencor los trenes que pasaban, los alambres del telégrafo. Era aquel mundo desconocido, tan lejos de ellos por un lado y por otro, el que les llevaba su Cordera.

El viernes, al oscurecer, fue la despedida. Vino un encargado del rematante de Castilla por la res. Pagó; bebieron un trago Antón y el comisionado, y se sacó a la quintana[38] la Cordera. Antón había apurado la botella; estaba exaltado; el peso del dinero en el bolsillo le animaba también. Quería aturdirse. Hablaba mucho, alababa las excelencias de la vaca. El otro sonreía, porque las alabanzas de Antón eran impertinentes. ¿Que daba la res tantos y tantos *xarros*[39] de leche? ¿Que era noble en el yugo, fuerte con la carga? ¿Y qué, si dentro de pocos días había de estar reducida a chuletas y otros bocados suculentos? Antón no quería imaginar esto; se la figuraba viva, trabajando, sirviendo a otro labrador, olvidada de él y de sus hijos, pero viva, feliz... Pinín y Rosa, sentados sobre el montón de *cucho,*[40] recuerdo para ellos sentimental de la Cordera y de los propios afanes, unidos por las manos, miraban al enemigo con ojos de espanto. En el supremo instante se arrojaron sobre su amiga; besos, abrazos: hubo de todo. No podían separarse de ella. An-

---

35. Comía hierba.
36. Expresión latina que significa: 'desde la eternidad, igual que siempre'.
37. Golpe violento. Se refiere al golpe que le darían para matarla.
38. Plaza pequeña y cerrada.
39. *Jarros* en asturiano (jarras grandes).
40. Abono hecho con estiércol y hojas o plantas en descomposición.

tón, agotada de pronto la excitación del vino, cayó como en un marasmo;[41] cruzó los brazos, y entró en el *corral* oscuro. Los hijos siguieron un buen trecho por la calleja, de altos setos, el triste grupo del indiferente comisionado y la Cordera, que iba de mala gana con un desconocido y a tales horas. Por fin, hubo que separarse. Antón, malhumorado, clamaba desde casa:

—¡Bah, bah, *neños,* acá vos digo; basta de *pamemes!*[42]
—Así gritaba de lejos el padre con voz de lágrimas.

Caía la noche; por la calleja oscura que hacían casi negra los altos setos, formando casi bóveda, se perdió el bulto de la Cordera, que parecía negra de lejos. Después no quedó de ella más que el tin tan pausado de la esquila, desvanecido con la distancia, entre los chirridos melancólicos de cigarras infinitas.

—¡Adiós, Cordera! —gritaba Rosa deshecha en llanto—. ¡Adiós, Cordera de *mío* alma!

—¡Adiós, Cordera! —repetía Pinín, no más sereno.

—Adiós —contestó por último, a su modo, la esquila, perdiéndose su lamento triste, resignado, entre los demás sonidos de la noche de julio en la aldea...

Al día siguiente, muy temprano, a la hora de siempre, Pinín y Rosa fueron al *prao* Somonte. Aquella soledad no lo había sido nunca para ellos, triste; aquel día, el Somonte sin la Cordera parecía el desierto.

De repente silbó la máquina, apareció el humo, luego el tren. En un furgón cerrado, en unas estrechas ventanas altas o respiraderos, vislumbraron los hermanos gemelos cabezas de vacas que, pasmadas, miraban por aquellos tragaluces.

---

41. Suspensión, paralización, inmovilidad, física o mental.
42. Pamemas, tonterías. Es común que las palabras que en español terminan en *-as* en asturiano terminen en *-es*.

—¡Adiós, Cordera! —gritó Rosa, adivinando allí a su amiga, a la vaca abuela.

—¡Adiós, Cordera! —vociferó Pinín con la misma fe, enseñando los puños al tren, que volaba camino de Castilla. Y, llorando, repetía el rapaz,[43] más enterado que su hermana de las picardías del mundo:

—La llevan al Matadero... Carne de vaca, para comer los señores, los curas..., los indianos.[44]

—¡Adiós, Cordera!

—¡Adiós, Cordera!

Y Rosa y Pinín miraban con rencor la vía, el telégrafo, los símbolos de aquel mundo enemigo, que les arrebataba, que les devoraba a su compañera de tantas soledades, de tantas ternuras silenciosas, para sus apetitos, para convertirla en manjares de ricos glotones[45]...

—¡Adiós, Cordera!...

—¡Adiós, Cordera!...

Pasaron muchos años. Pinín se hizo mozo y se lo llevó el rey.[46] Ardía la guerra carlista.[47] Antón de Chinta era casero de un cacique[48] de los vencidos; no hubo influencia para declarar inútil a Pinín, que, por ser, era como un roble.

43. Chico.
44. Personas que habían vuelto de *Las Indias*, es decir, de América, generalmente con bastante dinero.
45. Comilones.
46. Se fue a servir al rey, es decir, al ejército.
47. Luchas que se desarrollaron en España, con mayor fuerza en el norte, a lo largo del siglo XIX. Comenzaron por un conflicto derivado de la sucesión al trono y acabaron siendo enfrentamientos políticos entre partidarios del liberalismo y del régimen monárquico tradicional.
48. Persona rica e influyente que domina de forma abusiva un pueblo o un determinado lugar.

Y una tarde triste de octubre, Rosa, en el *prao* Somonte sola, esperaba el paso del tren correo de Gijón, que le llevaba a sus únicos amores, su hermano. Silbó a lo lejos la máquina, apareció el tren en la trinchera, pasó como un relámpago. Rosa, casi metida por las ruedas, pudo ver un instante en un coche de tercera multitud de cabezas de pobres quintos[49] que gritaban, gesticulaban, saludando a los árboles, al suelo, a los campos, a toda la patria familiar, a la pequeña, que dejaban para ir a morir en las luchas fratricidas[50] de la patria grande, al servicio de un rey y de unas ideas que no conocían.

Pinín, con medio cuerpo fuera de una ventanilla, tendió los brazos a su hermana; casi se tocaron. Y Rosa pudo oír entre el estrépito de las ruedas y la gritería de los reclutas la voz distinta de su hermano, que sollozaba, exclamando, como inspirado por un recuerdo de dolor lejano:

—¡Adiós, Rosa!... ¡Adiós, Cordera!

—¡Adiós, Pinín! ¡Pinín de *mío* alma!...

«Allá iba, como la otra, como la vaca abuela. Se lo llevaba el mundo. Carne de vaca para los glotones, para los indianos; carne de su alma, carne de cañón para las locuras del mundo, para las ambiciones ajenas.»

Entre confusiones de dolor y de ideas, pensaba así la pobre hermana viendo al tren perderse a lo lejos, silbando triste, con silbido que repercutían[51] los castaños, las vegas y los peñascos...

¡Qué sola se quedaba! Ahora sí, ahora sí que era un desierto el *prao* Somonte.

—¡Adiós, Pinín! ¡Adiós, Cordera!

---

49. Se llamaba *quinto* al joven desde que entraba en el sorteo para ir al ejército hasta que se incorporaba al servicio militar. Normalmente iba obligatoriamente uno de cada cinco, de ahí el nombre.

50. Entre hermanos. Entre personas del mismo lugar o del mismo país.

51. Reproducían, repetían.

Con qué odio miraba Rosa la vía manchada de carbones apagados; con qué ira los alambres del telégrafo. ¡Oh!, bien hacía la Cordera en no acercarse. Aquello era el mundo, lo desconocido, que se lo llevaba todo. Y sin pensarlo, Rosa apoyó la cabeza sobre el palo clavado como un pendón en la punta del Somonte. El viento cantaba en las entrañas del pino seco su canción metálica. Ahora ya lo comprendía Rosa. Era canción de lágrimas, de abandono, de soledad, de muerte.

En las vibraciones rápidas, como quejidos, creía oír, muy lejana, la voz que sollozaba por la vía adelante:

—¡Adiós, Rosa! ¡Adiós, Cordera!

Protesto

I

Este don Fermín Zaldúa, en cuanto tuvo uso de razón, y fue muy pronto, por no perder el tiempo no pensó en otra cosa más que en hacer dinero. Como para los negocios no sirven los muchachos, porque la ley no lo consiente, don Fermín sobornó al tiempo y se las compuso de modo que pasó atropelladamente por la infancia, por la adolescencia y por la primera juventud, para ser cuanto antes un hombre en el pleno uso de sus derechos civiles; y en cuanto se vio mayor de edad, se puso a pensar si tendría él algo que reclamar por el beneficio de la restitución *in integrum*.[1] Pero ¡ca!... Ni un ochavo[2] tenía que restituirle alma nacida,[3] porque, menor y todo, nadie le ponía el pie delante en lo de negociar con astucia en la estrecha esfera en que la ley hasta entonces se lo permitía. Tan poca importancia daba él a todos los años de su vida en que no había podido contratar, ni hacer grandes negocios, por consiguiente, que había olvidado casi por com-

---

1. Término latino jurídico: vuelta de algo a su estado original, devolución completa de algo. *Restituir* es 'devolver'.
2. Antigua moneda española de cobre con peso de un octavo (u *ochavo*) de onza, por eso el nombre.
3. *Alma nacida*: 'nadie. Ninguna persona'.

pleto la inocente edad infantil y la que sigue con sus dulces ilusiones, que él no había tenido, para evitarse el disgusto de perderlas. Nunca perdió nada don Fermín, y así, aunque devoto y aun supersticioso, como luego veremos, siempre se opuso terminantemente a aprender de memoria la oración de san Antonio.[4] «¿Para qué? —decía él—. ¡Si yo estoy seguro de que no he de perder nunca nada!»

—Si acaso —le dijo en una ocasión el cura de su parroquia, cuando Fermín ya era muy hombre—, si acaso, puede usted perder una cosa…, el alma.

—De que eso no suceda —replicó Zaldúa— ya cuidaré yo a su tiempo. Por ahora a lo que estamos. Ya verá usted, señor cura, cómo no pierdo nada. Procedamos con orden. El que mucho abarca poco aprieta.[5] Yo me entiendo.

Lo único de su niñez que Zaldúa recordaba con gusto y con provecho, era la gracia que desde muy temprano tuvo de hacer parir dinero al dinero y a otras muchas cosas. Pocos objetos hay en el mundo, pensaba él, que no tengan dentro algunos reales[6] por lo menos; el caso está en saber retorcer y estrujar[7] las cosas para que suden cuartos.[8]

Y lo que hacía el muchacho era juntarse con los chicos viciosos, que fumaban, jugaban y robaban en casa dinero o prendas de algún valor. No los seguía por imitarlos, sino por sacarlos de apuros, cuando carecían de pecunia,[9] cuando per-

---

4. Oración dedicada a este santo cristiano para encontrar las cosas perdidas.
5. Refrán que significa que quien pretende realizar muchas cosas al mismo tiempo, no será capaz de hacer bien ninguna.
6. Moneda con diferentes valores según las épocas. Dinero.
7. Apretar con fuerza.
8. Moneda antigua española; dinero. *Sudar cuartos* es una expresión coloquial que significa 'producir dinero'.
9. Moneda o dinero.

dían al juego, cuando tenían que restituir el dinero cogido a la familia o las prendas empeñadas. Fermín adelantaba la plata[10] necesaria...; pero era con interés. Y nunca prestaba, sino con garantías, que solían consistir en la superioridad de sus puños, porque procuraba siempre que fueran más débiles que él sus deudores y el miedo le guardaba la viña.[11]

Llegó a ser hombre y se dedicó al único encanto que le encontraba a la vida, que era la virtud del dinero de parir dinero. Era una especie de Sócrates[12] crematístico;[13] Sócrates, como su madre Fenaretes, matrona partera,[14] se dedicaba a ayudar a parir..., pero ideas. Zaldúa era partero del treinta por ciento.

Todo es según se mira: su avaricia era cosa de su genio; era él un genio de la ganancia. De una casa de banca ajena pronto pasó a otra propia; llegó en pocos años a ser el banquero más atrevido, sin dejar de ser prudente, más lince, más afortunado de la plaza, que era importante; y no tardó su crédito en ser cosa muy superior a la esfera de los negocios locales y aun provinciales, y aun nacionales; emprendió grandes negocios en el extranjero, fue su fama universal, y a todo esto él, que tenía el ojo puesto en todas las plazas y en todos los grandes negocios del mundo, no se movía de su pueblo, donde iba haciendo los necesarios gastos de ostentación, como quien pone mercancías en un escaparate. Hizo un palacio, gran palacio, rodeado de jardines; trajo lujosos trenes de París y Londres, cuando lo creyó oportuno, y lo creyó oportuno cuando cumplió cin-

10. Dinero.
11. *El miedo guarda la viña:* expresión popular que asegura que el miedo nos hace ser prudentes y actuar con precaución.
12. Filósofo clásico griego (470-399 a. C.) considerado como uno de los más grandes, tanto de la filosofía occidental como de la universal. Fue maestro de Platón.
13. Relacionado con el dinero.
14. Mujer que ayuda en el parto.

cuenta años, y pensó que ya era hora de ir preparando lo que él llamaba para sus adentros *el otro negocio*.

II

Aunque el cura aquel de su parroquia ya había muerto, otros quedaban, pues curas nunca faltan: y don Fermín Zaldúa, siempre que veía unos manteos[15] se acordaba de lo que le había dicho el párroco y de lo que él le había replicado. Ese era *el otro negocio*. Jamás había perdido ninguno, y las canas le decían que estaba en el orden empezar a preparar el terreno para que, por no perder, ni siquiera el alma se le perdiese.

No se tenía por más ni menos pecador que otros cien banqueros y prestamistas.[16] Engañar, había engañado al lucero del alba.[17] Y es que, sin engaño, según Zaldúa, no habría comercio, no habría cambio. Para que el mundo marche, en todo contrato ha de salir perdiendo uno, para que haya quien gane. Si los negocios se hicieran tablas[18] como el juego de damas, se acababa el mundo. Pero, en fin, no se trataba de hacerse el inocente; así como jamás se había forjado[19] ilusiones en sus cálculos para negociar, tampoco ahora quería forjárselas en el *otro negocio*: «A Dios —se decía— no he de engañarle, y el caso no es buscar disculpas, sino remedios. Yo no puedo restituir a todos los que pueden haber dejado un poco de lana en mis zarzales. ¡La de letras que yo habré descontado! ¡La de préstamos hechos! No puede ser. No puedo ir buscando uno por uno a todos los

---

15. Capa larga con cuello que llevan algunos religiosos.
16. Personas que prestan dinero, por lo general a muy alto interés.
17. *Al lucero del alba*: 'a todo el mundo'.
18. *Hacer tablas*: 'empatar, quedar igual. No ganar ni perder nadie'.
19. Hecho, construido.

perjudicados; en gastos de correos y en indagatorias[20] se me iría más de lo que les debo. Por fortuna, hay un Dios en los cielos, que es acreedor de todos; todos le deben todo lo que son, todo lo que tienen; y pagando a Dios lo que debo a sus deudores, unifico mi deuda, y para mayor comodidad me valgo del banquero de Dios en la Tierra, que es la Iglesia. ¡Magnífico! Valor recibido y andando. Negocio hecho».

Comprendió Zaldúa que para festejar al clero, para gastar parte de sus rentas en beneficio de la Iglesia, atrayéndose a sus sacerdotes, el mejor reclamo era la opulencia; no porque los curas fuesen generalmente amigos del poderoso y cortesanos de la abundancia y del lujo, sino porque es claro que, siendo misión de una parte del clero pedir para los pobres, para las causas pías, no han de postular[21] donde no hay de qué, ni han de andar oliendo dónde se guisa. Es preciso que se vea de lejos la riqueza y que se conozca de lejos la buena voluntad de dar. Ello fue que, en cuanto quiso, Zaldúa vio su palacio lleno de levitas y tuvo oratorio en casa; y, en fin, la piedad se le entró por las puertas tan de rondón,[22] que toda aquella riqueza y todo aquel lujo empezó a oler así como a incienso; y los tapices y la plata y el oro labrados de aquel palacio, con todos sus jaspes[23] y estatuas y grandezas de mil géneros, llegaron a parecer magnificencias de una catedral, de esas que enseñan con tanto orgullo los sacristanes[24] de Toledo, de Sevilla, de Córdoba, etc. Limosnas abundantísimas y aún más fecundas por la sabiduría con que se distribuyeron siempre; fundaciones piadosas de enseñanza, de asilo para el vicio arrepentido, de

20. Investigaciones.
21. Pedir por la calle en una colecta.
22. *De rondón*: 'inesperadamente. Sin quererlo. Sin darse cuenta'.
23. Mármol veteado, con líneas. Suele emplearse en joyería o en escultura.
24. Persona que ayuda en la misa o en otras labores de la iglesia.

pura devoción y aun de otras clases, todas santas; todo esto y mucho más por el estilo, brotó del caudal fabuloso de Zaldúa como de un manantial inagotable.

Mas, como no bastaba pagar con los bienes, sino que se había de contribuir con prestaciones personales, don Fermín, que cada día fue tomando más en serio el negocio de la salvación, se entregó a la práctica devota, y en manos de su director espiritual y administrador místico don Mamerto, maestrescuela[25] de la Santa Iglesia Catedral, fue convirtiéndose en paulino,[26] en siervo de María,[27] en cofrade del Corazón de Jesús;[28] y lo que importaba más que todo, ayunó, frecuentó los Sacramentos,[29] huyó de lo que le mandaron huir, creyó cuanto le mandaron creer, aborreció lo aborrecible; y, en fin, llegó a ser el borrego más humilde y dócil de la diócesis; tanto, que don Mamerto, el maestrescuela, hombre listo, al ver oveja tan sumisa y de tantos posibles, le llamaba para sus adentros «el Toisón de Oro».[30]

---

25. Canónigo, religioso que en algunas catedrales o iglesias se encargaba de enseñar las ciencias eclesiásticas.
26. Perteneciente a san Pablo o seguidor de él. Es una de las figuras más importantes del catolicismo. Pasó de perseguir a los cristianos a convertirse en uno de ellos.
27. En la religión católica, la Virgen María, madre de Jesús de Nazaret. También el Corán (siglo VII), libro sagrado del islam, la presenta como madre de Jesús (Isa), bajo su nombre árabe, Maryam o Miriam.
28. El Sagrado Corazón de Jesús es una devoción católica referida al corazón de Jesucristo, como un símbolo de amor divino.
29. Los sacramentos en la Iglesia católica son signos mediante los cuales se otorga la gracia divina a las almas.
30. Vellocino de oro. Lana de oro. Es lo que buscaban, según la antigua leyenda griega, Jasón y los argonautas.

III

Todos los comerciantes saben que sin buena fe, sin honradez general en los del oficio, no hay comercio posible; sin buena conducta no hay confianza, a la larga; sin confianza no hay crédito; sin crédito no hay negocio. Por propio interés ha de ser el negociante limpio en sus tratos; una cosa es la ganancia, con su engaño necesario, y la trampa es otra cosa. Así pensaba Zaldúa, que debía gran parte de su buen éxito a esta honradez formal; a esta seriedad y buena fe en los negocios, una vez emprendidos los de ventaja. Pues bien, el mismo criterio llevó a su *otro negocio*. Sería no conocerle pensar que él había de ser hipócrita, escéptico: no; se aplicó de buena fe a las prácticas religiosas, y si, modestamente, al sentir el dolor de sus pecados, se contentó con el de atrición,[31] fue porque comprendió con su gran golpe de vista, que no estaba la Magdalena para tafetanes[32] y que a don Fermín Zaldúa no había que pedirle la contrición,[33] porque no la entendía. Por temor al castigo, a perder el alma, fue, pues, devoto; pero este temor no fue fingido, y la creencia ciega, absoluta, que se le pidió para salvarse, la tuvo sin empacho[34] y sin el menor esfuerzo. No comprendía cómo había quien se empeñaba en condenarse por el capricho de no querer creer cuanto fuera necesario. Él lo creía todo, y aun llegó, por una propensión común a los de su laya,[35] a creer más de lo conveniente, inclinándole al fetichismo disfrazado y a las más claras supersticiones.

---

31. En el catolicismo, arrepentimiento de los pecados por temor al castigo divino.
32. *No estar la Magdalena para tafetanes*: frase hecha que equivale a 'no está la situación para bromas; debemos tomarnos las cosas con seriedad'.
33. Arrepentimiento por haber actuado mal.
34. *Sin empacho*: 'sin ninguna vergüenza'.
35. Especie, clase.

En tanto que Zaldúa edificaba el alma como podía, su palacio era emporio de la devoción ostensible y aun ostentosa,[36] eterno jubileo,[37] basílica de los negocios píos[38] de toda la provincia, y si no fuera evidente profanación, lo llamaría lonja de los contratos ultratelúricos.[39]

Mas sucedió a lo mejor, y cuando el caudal de don Fermín estaba recibiendo los más fervientes y abundantes bocados de la piedad solícita, que el diablo, o quien fuese, inspiró un sueño, endemoniado, si fue del diablo, en efecto, al insigne banquero.

Soñó de esta manera. Había llegado la de vámonos; él se moría, se moría sin remedio, y don Mamerto, a la cabecera de su lecho, le consolaba diciendo:

—Ánimo, don Fermín, ánimo, que ahora viene la época de cosechar el fruto de lo sembrado. Usted se muere, es verdad, pero ¿qué? ¿Ve usted este papelito? ¿Sabe usted lo que es? —Y don Mamerto sacudía ante los ojos del moribundo una papeleta larga y estrecha.

—Eso... parece una letra de cambio.

—Y eso es, efectivamente. Yo soy el librador y usted es el tomador; usted me ha entregado a mí, es decir, ha entregado a la Iglesia, a los pobres, a los hospitales, a las ánimas, la cantidad... equis.

—Un buen pico.[40]

—¡Bueno! Pues bueno; ese pico mando yo, que tengo fondos colocados en el cielo, porque ya sabe usted que ato y desa-

---

36. *Ostensible* significa 'que puede manifestarse o mostrarse'; *ostentosa*, 'llamativa, excesiva'.
37. Entrada y salida frecuente de muchas personas en una casa u otro sitio.
38. Devoto, inclinado a la piedad, muy religioso.
39. Del más allá. Del otro mundo.
40. Expresión coloquial: 'una buena cantidad'.

to, que se lo paguen a su espíritu de usted en el otro mundo, en buena moneda de la que corre allí, que es la gracia de Dios, la felicidad eterna. A usted le enterramos con este papelito sobre la barriga, y por el correo de la sepultura esta letra llega a poder de su alma de usted, que se presenta a cobrar ante san Pedro;[41] es decir, a recibir el cacho de gloria, a la vista, que le corresponda, sin necesidad de antesalas, ni plazos ni fechas de purgatorio[42]...

Y en efecto; siguió don Fermín soñando que se había muerto, y que sobre la barriga le habían puesto, como una recomendación o como uno de aquellos viáticos[43] en moneda y comestibles que usaban los paganos[44] para enterrar sus muertos, le habían puesto la letra a la vista que su alma había de cobrar en el cielo.

Y después él ya no era él, sino su alma, que con gran frescura se presentaba en la portería de san Pedro, que además de portería era un banco, a cobrar la letra de don Mamerto.

Pero fue el caso que el Apóstol, arrugado el entrecejo,[45] leyó y releyó el documento, le dio mil vueltas, y por fin, sin mirar al portador, dijo malhumorado:

—¡Ni pago ni acepto!

El alma de Zaldúa hizo ni más ni menos lo que su propietario don Fermín hubiera hecho en la Tierra en situación semejante. No gastó el tiempo en palabras vanas, sino que in-

---

41. Simón Pedro, conocido también como san Pedro o simplemente Pedro, fue, uno de los discípulos más destacados de Jesús de Nazaret y el primer papa. Se le caracteriza con las llaves que simbolizan el reino de Dios.
42. En la religión católica, estado de quienes, aunque muertos en gracia de Dios, necesitan aún purificarse para alcanzar la gloria. Y lugar en el que esto se produce.
43. Comida necesaria para la alimentación de un viajero.
44. Que no es cristiano.
45. Arrugando la frente. Señal de enfado o incredulidad.

mediatamente se fue a buscar a un notario, y antes de la puesta del sol del día siguiente, se extendió el correspondiente protesto,⁴⁶ con todos los requisitos de la sección octava del título décimo del libro segundo del Código de Comercio vigente; y don Fermín, su alma, dejó copia de tal protesto, en papel común, al príncipe de los apóstoles.

Y el cuerpo miserable del avaro, del capitalista devoto, ya encentado⁴⁷ por los gusanos, se encontró en su sepultura con un papel sobre la barriga; pero un papel de más bulto y de otra forma que la letra de cambio que él había mandado al cielo.

Era el protesto. Todo lo que había sacado en limpio de sus afanes por el *otro negocio*.

Ni siquiera le quedaba el consuelo de presentarse en juicio a exigir del librador, del pícaro don Mamerto, los gastos del protesto ni las demás responsabilidades, porque la sepultura estaba cerrada a cal y canto,⁴⁸ y además los pies los tenía ya hechos polvo.

IV

Cuando despertó don Fermín, vio a la cabecera de su cama al maestrescuela, que le sonreía complaciente y aguardaba su despertar para recordarle la promesa de pagar toda la obra de fábrica de una nueva y costosísima institución piadosa.

—Dígame usted, amigo don Mamerto —preguntó Zaldúa, cabizbajo y cejijunto como el san Pedro que no había aceptado la letra—, ¿debe creerse en aquellos sueños que parecen provi-

---

46. Documento en el que alguien protesta o expresa su desacuerdo o malestar con algo.
47. Comido en parte.
48. *A cal y canto*: 'completamente cerrada'.

denciales, que están compuestos con imágenes que pertenecen a las cosas de nuestra sacrosanta religión, y nos dan una gran lección moral y sano aviso para la conducta futura?

—¡Y cómo si debe creerse! —se apresuró a contestar el canónigo, que en un instante hizo su composición de lugar, pero trocando los frenos y equivocándose de medio a medio, a pesar de que era tan listo—. Hasta el pagano Homero,[49] el gran poeta, ha dicho que los sueños vienen de Júpiter.[50] Para el cristiano vienen del único Dios verdadero. En la *Biblia* tiene usted ejemplos respetables del gran valor de los sueños. Ve usted primero a Josef[51] interpretando los sueños del Faraón, y más adelante a Daniel[52] explicándole a Nabucodonosor[53]…

—Pues este Nabucodonosor que tiene usted delante, mi señor don Mamerto, no necesita que nadie le explique lo que ha soñado, que harto lo entiende. Y como yo me entiendo, a usted solo le importa saber que en adelante pueden usted y todo el cabildo,[54] y cuantos hombres se visten por la cabeza, contar con mi amistad…, pero no con mi bolsa. Hoy no se fía aquí, mañana tampoco.

Pidió don Mamerto explicaciones, y a fuerza de mucho rogar logró que don Fermín le contase el sueño del protesto.

---

49. Poeta (siglo VII a. C.) a quien tradicionalmente se atribuye la autoría de los principales poemas épicos griegos: la *Ilíada* y la *Odisea*.

50. Júpiter es el principal dios de la mitología romana, padre de dioses y de hombres. Su equivalente griego es Zeus.

51. José. Personaje importante del libro bíblico del *Génesis* (Primer libro de la *Biblia*). Según el relato, fue uno de los doce hijos de Jacob. Fue llevado a Egipto, donde estuvo en prisión. Al interpretar un sueño profético del faraón, fue liberado y elevado a la categoría de alto funcionario.

52. Profeta, protagonista del *Libro de Daniel*, que interpretó el sueño de Nabucodonosor.

53. Nabucodonosor II es probablemente el rey más conocido de la dinastía caldea de Babilonia. Reinó entre los años 604 y 562 a. C.

54. Comunidad de religiosos de una catedral o de otra institución.

Quiso el maestrescuela tomarlo a risa; pero al ver la seriedad del otro, que ponía toda la fuerza de su fe supersticiosa en atenerse a la lección del protesto, quemó el canónigo el último cartucho[55] diciendo:

—El sueño de usted es falso, es satánico; y lo pruebo probando que es inverosímil. Primeramente, niego que haya podido hacerse en el cielo un protesto..., porque es evidente que en el cielo no hay escribanos. Además, en el cielo no puede cumplirse con el requisito de extender el protesto antes de la puesta del sol del día siguiente..., porque en el cielo no hay noche ni día, ni el sol se pone, porque todo es sol, y luz y gloria, en aquellas regiones.

Y como don Fermín insistió en su superchería,[56] moviendo a un lado y a otro la cabeza, don Mamerto, irritado, y echándolo a rodar todo, exclamó:

—Y por último..., niego... el portador. No es posible que su alma de usted se presentara a cobrar la letra... ¡porque los usureros no tienen alma!

—Tal creo —dijo don Fermín, sonriendo muy contento y algo socarrón—[57]; y como no la tenemos, mal podemos perderla. Por eso, si viviera el cura aquel de mi parroquia, le demostraría que yo no puedo perder nada. Ni siquiera he perdido el dinero que he empleado en cosas devotas, porque la fama de santo ayuda al crédito. Pero como ya he gastado bastante en anuncios, ni pago esa obra de fábrica... ni aprendo la oración de san Antonio.

---

55. *Quemar el último cartucho*: 'usar el último recurso, la última oportunidad para que algo salga bien'.
56. Superstición. Falsedad. Engaño.
57. Burlón, bromista.

La yernocracia[1]

---

[1]. -*cracia* es un sufijo de origen griego que significa 'poder, gobierno'. *Democracia*, 'gobierno del pueblo'; *teocracia*, 'gobierno de Dios'; *yernocracia* (palabra inventada por Clarín), 'gobierno o poder de los yernos'.

Hablaba yo de política días pasados con mi buen amigo Aurelio Marco,[2] gran filósofo *fin de siècle*[3] y padre de familia no tan filosófico, pues su blandura doméstica no se aviene con los preceptos de la modernísima pedagogía, que le pide a cualquiera, en cuanto tiene un hijo, más condiciones de capitán general y de hombre de Estado, que a Napoleón o a Julio César.

Y me decía Aurelio Marco:

—Es verdad; estamos hace algún tiempo en plena yernocracia: como a ti, eso me irritaba tiempo atrás, y ahora... me enternece. Qué quieres; me gusta la sinceridad en los afectos, en la conducta; me entusiasma el entusiasmo verdadero, sentido realmente; y en cambio, me repugna el *pathos*[4] falso, la piedad y la virtud fingidas. Creo que el hombre camina muy poco a poco del brutal egoísmo primitivo, sensual, instintivo, al espiritual, reflexivo altruismo.[5]

Fuera de las rarísimas excepciones de unas cuantas doce-

---

2. El nombre es una alteración del de Marco Aurelio (121-180), emperador romano, filósofo y escritor.

3. En francés, 'fin de siglo'.

4. En este caso se usa este término griego para indicar la identificación con otra persona, la comprensión de sus sentimientos, el afecto compartido...

5. Que piensa en los demás, que se preocupa por otras personas.

nas de santos, se me antoja que hasta ahora en la humanidad nadie ha querido de veras... a la sociedad, a esa abstracción fría que se llama *los demás,* el prójimo, al cual se le dan mil nombres para dorarle la píldora[6] del menosprecio que nos inspira.

El patriotismo, a mi juicio, tiene de sincero lo que tiene de egoísta; ya por lo que en él va envuelto de nuestra propia conveniencia, ya de nuestra vanidad. Cerca del patriotismo anda la gloria, quintaesencia[7] del egoísmo, colmo de la autolatría;[8] porque el egoísmo vulgar se contenta con adorarse a sí propio él solo, y el egoísmo que busca la gloria, el egoísmo heroico..., busca la adoración de los demás: que el mundo entero le ayude a ser egoísta. Por eso la gloria es deleznable... claro, como que es contra naturaleza, una paradoja, el sacrificio del egoísmo ajeno en aras[9] del propio egoísmo.

Pero no me juzgues, por esto, pesimista, sino cauto; creo en el progreso; lo que niego es que hayamos llegado, así, en masa, como obra social, al altruismo sincero. El día que cada cual quisiera a sus conciudadanos de verdad, como se quiere a sí mismo, ya no hacía falta la política, tal como la entendemos ahora. No, no hemos llegado a eso; y por elipsis o hipocresía, como quieras llamarlo, convenimos todos en que cuando hablamos de sacrificios por amor al país... mentimos, tal vez sin saberlo, es decir, no mentimos acaso, pero no decimos la verdad.

—Pero... Entonces —interrumpí—, ¿dónde está el progreso?

—A ello voy. La evolución del amor humano no ha llegado

---

6. *Dorar la píldora*: 'suavizar, ocultar lo complicado o difícil con una apariencia amable'. Si algo malo o perjudicial lo presentas aparentemente bello y apetecible, parece menos malo.
7. Lo más puro, real y característico de algo.
8. Egolatría, egoísmo.
9. *En aras de*: 'en favor de, para conseguir algo'.

todavía más que a dar el primer paso sobre el abismo moral insondable[10] del amor a otros. ¡Oh, y es tanto eso! ¡Supone tanta idealidad! ¡Pregúntale a un moribundo que ve cómo le dejan irse los que se quedan, si tiene gran valor espiritual el esfuerzo de amar *de veras* a lo que no es *yo* mismo!

—¡Qué lenguaje, Aurelio!

—No es pesimista, es la sinceridad pura. Pues bien; el primer paso en el amor de los demás lo ha dado parte de la humanidad, no de un salto, sino por el camino... del cordón umbilical...; las madres han llegado a amar a sus hijos, lo que se llama amar. Los padres dignos de ser madres, los padres-madres, hemos llegado también, por la misteriosa unión de la sangre, a amar de veras a los hijos. El amor familiar es el único progreso serio, grande, real, que ha hecho hasta ahora la sociología positiva.[11] Para los demás círculos sociales la coacción, la pena, el convencionalismo, los sistemas, los equilibrios, las fórmulas, las hipocresías necesarias, la razón de Estado,[12] lo del *salus populi*[13] y otros arbitrios sucedáneos del amor verdadero; en la familia, en sus primeros grados, ya existe el amor cierto, la argamasa que puede unir las piedras para los cimientos del edificio social futuro. Piensa que nadie es utopista[14] ni revolucionario en su casa; es decir, nadie que haya llegado al amor real de la familia; porque fuera de este

10. Que no se puede conocer, adivinar, comprender.

11. El *positivismo o filosofía positiva* es una corriente filosófica que afirma que el único conocimiento auténtico es el conocimiento científico y que tal conocimiento solo puede surgir del método científico.

12. Concepto de origen italiano empleado a partir de Nicolás Maquiavelo (1469-1527), diplomático, funcionario, filósofo, político y escritor italiano, para referirse a las medidas excepcionales de un gobernante para conservar o aumentar la fuerza de un Estado.

13. Parte de la frase latina *salus populi suprema lex est*: 'el bienestar del pueblo es la ley suprema'.

14. Que cree en utopías, en cosas imposibles.

amor quedan los solterones empedernidos y los muchísimos mal casados y los no pocos padres descastados.[15] No; en la familia buena nadie habla de corregir los defectos domésticos con ríos de sangre, ni de reformar sacrificando miembros podridos, ni se conoce en el hogar de hoy la pena de muerte, y puedes decir que no hay familia real donde, habiendo hijos, sea posible el divorcio. ¡Oh, lo que debe el mundo al cristianismo en este punto, no se ha comprendido bien todavía!

—Pero... ¿y la yernocracia?

—Ahora vamos. La yernocracia ha venido después del nepotismo,[16] debiendo haber venido antes; lo cual prueba que el nepotismo era un falso progreso, por venir fuera de su sitio; un egoísmo disfrazado de altruismo familiar. Así y todo, en ciertos casos el nepotismo ha sido simpático, por lo que se parecía al verdadero amor familiar; simpático del todo cuando, en efecto, se trataba de hijos a quien por decoro había que llamar sobrinos. El nepotismo eclesiástico, el de los papas, acaso principalmente, fue por esto una sinceridad disfrazada, se llevaba a la política el amor familiar, filial, por el rodeo fingido del lazo colateral. En el rigor etimológico, el nepotismo significaría la influencia política del amor a los hijos de los hijos, porque en buen latín *nepos,* es el nieto; pero en el latín de baja latinidad, *nepos* pasó a ser el sobrino; en la realidad, muchas veces el nepotismo fue la protección del hijo a quien la sociedad negaba esta gran categoría, y había que compensarle con otros honores.

Nuestra hipocresía social no consiente la *filiocracia*[17] franca, y después del nepotismo, que era o un disfraz de la filio-

---

15. Ingratos. Que no corresponden al cariño que se les da.
16. Favorecer a familiares o amigos en algún empleo, por lo general del ámbito público.
17. Poder o gobierno de los hijos.

cracia o un disfraz del egoísmo, aparece la *yernocracia*..., que es el gobierno de la hija, matriz sublime del amor paternal.

¡La hija, mi Rosina!

Calló Aurelio Marco, conmovido por sus recuerdos, por las imágenes que le traía la asociación de ideas. Cuando volvió a hablar, noté que en cierto modo había perdido el hilo, o por lo menos, volvía a tomarlo de atrás, porque dijo:

—El nepotismo es, generalmente, cuando se trata de verdaderos sobrinos, la familia refugio, la familia imposición; algo como el dinero para el avaro[18] viejo; una mano a que nos agarramos en el trance de caducar y morir. El sobrino imita la familia real que no tuvimos o que perdimos; el sobrino finge amor en los días de decadencia; el sobrino puede imponerse a la debilidad senil. Esto no es el verdadero amor familiar; lo que se hace en política por el sobrino suele ser egoísmo, o miedo, o precaución, o pago de servicios: egoísmo.

Sin embargo, es claro que hay casos interesantes, que enternecen, en el nepotismo. El ejemplo de Bossuet[19] lo prueba. El hombre integérrimo,[20] independiente, que echaba al *reysol*[21] en cara sus manchas morales, no pudo en los días tristes de su vejez extrema abstenerse de solicitar el favor cortesano. Sufría, dice un historiador, el horrible mal de piedra, y sus indignos sobrinos, sabiendo que no era rico y que, según él decía, «sus parientes no se aprovecharían de los bienes de la Iglesia», no cesaban de torturarle, obligándole continuamente a trasladar-

---

18. Persona avariciosa, con interés desmedido por el dinero.
19. Jacques-Bénigne Bossuet (1627-1704), obispo de Meaux, gran orador en tiempos de Luis XIV de Francia.
20. Muy íntegro, muy honrado.
21. Luis XIV de Francia (1638-1715), llamado «El Rey Sol».

se de Meaux a la Corte para implorar[22] favores de todas clases; y el grande hombre tenía que hacer antesalas y sufrir desaires[23] y burlas de los cortesanos; hasta que en uno de estos tristes viajes de pretendiente murió en París en 1704. Ese es un caso de *nepotismo* que da pena y que hace amar al buen sacerdote. Bossuet fue puro, sus sobrinos eran sobrinos.

—Pero... ¿Y la yernocracia?

—A eso voy. ¿Conoces a Rosina? Es una reina de Saba[24] de tres años y medio, el sol a domicilio; parece un gran juguete de lujo... con alma. Sacude la cabellera de oro, con aire imperial, como Júpiter maneja el rayo;[25] de su vocecita de mil tonos y registros hace una gama de edictos,[26] decretos y rescriptos,[27] y si me mira airada, siento sobre mí la excomunión[28] de un ángel. Es carne de mi carne, ungida con el óleo sagrado y misterioso de la inocencia amorosa; no tiene, por ahora, rudimentos de buena crianza, y su madre y yo, grandes pecadores, pasamos la vida tomando vuelo para educar a Rosina; pero aún no nos hemos decidido ni a perforarle las orejitas para engancharle pendientes, ni a perforarle la voluntad para engancharle los grillos[29] de la educación. A los dos años se erguía[30] en su silla de brazos a la hora de comer, y no cejaba

22. Pedir, suplicar.
23. Desprecios.
24. Personaje histórico-legendario que aparece en la *Biblia*, visitando al rey Salomón. Originaria del actual Yemen, es presentada como una mujer de gran belleza y enormemente rica.
25. El dios Júpiter era conocido por enviar castigos en forma de rayo.
26. Mandato, orden, decreto publicado por alguna autoridad.
27. Decisión del papa, de un emperador o de un rey para resolver una consulta o responder a una petición.
28. En el catolicismo, expulsión de la Iglesia.
29. Grilletes, esposas. Lo que se pone a los prisioneros en las manos para que no puedan moverlas.
30. Se ponía recta, se levantaba.

jamás en su empeño de ponerse en pie sobre el mantel, pasearse entre los platos y aun, en solemnes ocasiones, metió un zapato en la sopa, como si fuera un charco. Deplorable[31] educación..., pero adorable criatura.

¡Oh, si no tuviera que crecer, no la educaba; y pasaría la vida metiendo los pies en el caldo! Más que a su madre, más que a mí, quiere a ratos la reina de Saba a Maolito, su novio, un vecino de siete años, mucho más hermoso que yo y sin barbas que piquen al besarle.

Maolito es nuestro eterno convidado; Rosina le sienta junto a sí, y entre cucharada y cucharada le admira, le adora... y le palpa, untándole la cara de grasa y otras lindezas. No cabe duda; mi hija está enamorada a su manera, a lo ángel, de Maolito.

Una tarde, a los postres, Rosina gritó con su tono más imperativo y más apasionado y elocuente, con la voz a que yo no puedo resistir, a la que siempre me rindo...:

—Papá... yo quere que papá sea rey (rey lo dice muy claro) y que haga ministo y general a Maolito, que quere a mí...

—No, tonta —interrumpió Maolito, que tiene la precocidad de todos los españoles—; tu papá no puede ser rey; di tú que quieres que sea ministro y que me haga a mí subsecretario.[32]

Calló otra vez Aurelio Marco y suspiró, y añadió después, como hablando consigo mismo:

—¡Oh, qué remordimientos sentí oyendo aquel antojo de mi tirano, de mi Rosina! ¡Yo no podía ser rey ni ministro! Mis

---

31. Horrible, despreciable.
32. Ayudante del ministro. Segunda persona en importancia tras él en un ministerio.

ensueños, mis escrúpulos,[33] mis aficiones, mis estudios, mi filosofía, me habían apartado de la ambición y sus caminos; era inepto para político, no podía ya aspirar a nada...

¡Oh, lo que yo hubiera dado entonces por ser hábil, por ser ambicioso, por no tener escrúpulos, por tener influencia, distrito, cartera,[34] y sacrificarme por el país, plantear economías, reorganizarlo todo, salvar a España y hacer a Maolito subsecretario!

---

33. Dudas, recelos, desconfianzas.
34. Empleo de ministro.

Cuento futuro

I

La humanidad de la Tierra se había cansado de dar vueltas mil y mil veces alrededor de las mismas ideas, de las mismas costumbres, de los mismos dolores y de los mismos placeres. Hasta se había cansado de dar vueltas alrededor del mismo sol. Este cansancio último lo había descubierto un poeta lírico del género de los desesperados que, no sabiendo ya qué inventar, inventó eso: el *cansancio del sol*. El tal poeta era francés, como no podía menos, y decía en el prólogo de su libro, titulado *Heliofobe*: «*C'est bête de tourner toujours comme ça. A quoi bon cette sottise éternelle?... Le soleil, ce bourgeois, m'embête avec ses platitudes...*», etcétera.

El traductor español de este libro decía: «*Es bestia* esto de dar siempre vueltas así. *¿A qué bueno* esta tontería eterna? El sol, ese burgués, me *embiste* con sus *platitudes* enojosas. Él cree hacernos un gran favor quedándose ahí plantado, sirviendo de fogón en esta gran cocina económica[1] que se llama el sistema

---

1. Cocina fabricada de hierro u otros metales. El calificativo de *económica* se debe a que aprovechaba muy bien la leña con la que funcionaba. Servía a la vez como calefacción. Se compara con el sistema planetario porque la cocina tenía varios agujeros redondos (como los planetas) donde se colocaban las cazuelas.

planetario».[2] Los planetas son los pucheros puestos a la lumbre; y el himno de los astros, que Pitágoras [3] creía oír, no es más que el *grillo del hogar*,[4] el prosaico chisporroteo[5] del carbón y el bullir[6] del agua de la caldera... ¡Basta de olla podrida![7] Apaguemos el sol, aventemos[8] las cenizas del hogar. El gran hastío de la luz meridiana ha inspirado este *pequeño libro. ¡Que él es sincero!*

»¡Que él es la expresión fiel de un orgullo noble que desprecia favores que no ha solicitado, halagos de los rayos lumínicos que le parecen cadenas insoportables!

»El tendrá bello el sol obstinándose en ser benéfico; al fin es un tirano; la emancipación de la humanidad no será completa hasta el día que desatemos este yugo y dejemos de ser satélites de ese reyezuelo miserable del día, vanidoso y fanfarrón, que después de todo no es más que un esclavo que sigue la carrera triunfal de un señor invisible».

El prólogo seguía diciendo disparates que no hay tiempo para copiar aquí, y el traductor seguía soltando galicismos.[9] Ello fue que el libro hizo furor, sobre todo en el África Central y en el Ecuador, donde todos aseguraban que el sol ya los tenía fritos.

---

2. Clarín está criticando las malas traducciones mediante el texto de un supuesto poeta francés.

3. Filósofo y matemático griego (569-475 a. C.), considerado el primer matemático puro de la historia.

4. Símbolo de la paz y el bienestar de los hogares, especialmente de las acogedoras casas de los pobres. Así se tradujo al español la novela corta de Charles Dickens *The Cricket on the Hearth* (1845), en realidad un cuento de hadas.

5. Sonido de algo al quemarse en el fuego, cuando salen chispas.

6. Ruido del agua al cocer.

7. Nombre popular de un guiso original de la cocina española. Combina verduras, legumbres y carnes.

8. Echemos al viento.

9. Palabras de origen francés.

Se vendieron 800 millones de ejemplares franceses y 300 ejemplares de la traducción española; verdad es que estos no en la Península, sino en América, donde continuaban los libreros haciendo su agosto[10] sin necesidad de entenderse con la antiquísima metrópoli.[11]

Después del poeta vinieron los filósofos y los políticos, sosteniendo lo que se llamaba universalmente la *heliofobia*. La ciencia discutió en academias, congresos y sección de variedades en los periódicos: primero si la vida sería posible separando la Tierra del Sol y dejándola correr libre por el vacío hasta engancharse con otro sistema; segundo si habría medio, dado lo mucho que las ciencias físicas habían adelantado, de romper el yugo de Febo[12] y dejarse caer en lo infinito.

Los sabios dijeron que sí y que no, y que qué sabían ellos, respecto de ambas cuestiones.

Algunos especialistas prometieron romper la fuerza centrípeta[13] como quien corta un pelo; pero pedían una subvención, y la mayor parte de los Gobiernos seguían con el agua al cuello[14] y no estaban para subvencionar estas cosas. En España, donde también había Gobierno y especialistas, se redujo a prisión a varios arbitristas que ofrecieron romper toda relación solar en un dos por tres.

Las oposiciones, que eran tantas como cabezas de familia había en la nación, pusieron el grito en el cielo: dijeron

---

10. Expresión que significa 'hacer un buen negocio'.
11. Una nación con respecto a sus antiguas colonias. España, por ejemplo, era la metrópoli de varios países de América del Sur y Francia, de varios de África Central.
12. Nombre del dios Apolo en la mitología clásica. Se usa muchas veces con referencia al Sol.
13. Que atrae hacia el centro.
14. Expresión que significa 'estar en una situación crítica, con muchos problemas o dificultades, generalmente de tipo económico'.

los Perezistas y los Alvarezistas y los Gomezistas, etc., que era preciso derribar aquel Gobierno opresor de la ciencia, etcétera.

Los obispos, contra los cuales hasta la fecha no habían prevalecido las puertas del infierno, ensalzaban a todos los sabios e ignorantes que se declaraban *heliófilos.*

«Bueno estaba que se acabase el mundo; que poco valía, pero debía acabarse como en el texto sagrado se tenía dicho que había de acabar, y no por enfriamiento, como sería seguro que concluiría si en efecto nos alejábamos del sol...» Una revista científica y retrógrada, que se llamaba *La Harmonía,* recordaba a los *heliófobos* una porción de textos bíblicos, amenazándoles con el fin del mundo.

Decía el articulista:

«¡Ah, miserables! Queréis que la Tierra se separe del Sol, huya del día, para convertirse en la *estrella errática,* a la cual está reservada eternamente la oscuridad y las tinieblas, como dice san Judas Apóstol[15] en su *Epístola universal.*[16] Queréis lo que ya está anunciado, queréis la muerte; pero oíd la palabra de verdad, el Apocalipsis:[17]

"Y en aquellos días buscarán los hombres la muerte, y no la hallarán; y desearán morir, y la muerte huirá de ellos" (...) "Porque vuestro tormento es como tormento de escorpión; vuestro mortal hastío, vuestro odio de la luz, vuestro afán de tinieblas, vuestro cansancio de pensar y sentir, es tormento de escorpión; y queréis la muerte por huir de las langostas de cola metálica con aguijones y con cabello de mujer, por huir de las huestes[18]

---

15. Judas Tadeo fue, según diversos textos, uno de los discípulos de Jesús de Nazaret, que formaba parte del grupo de los doce apóstoles.

16. Uno de los libros del *Nuevo Testamento* (segunda parte de la *Biblia*).

17. El *Apocalipsis de san Juan,* también conocido como el *Libro de las revelaciones,* es el último libro del *Nuevo Testamento* y de la *Biblia.*

18. Ejércitos. Soldados.

de Abaddón.[19] En vano, en vano buscáis la muerte del mundo antes de que llegue su hora, y por otros caminos de los que están anunciados. Vendrá la muerte, sí, y bien pronto; se acabará el tiempo, como está escrito; los cuatro ángeles vendrán en su día para matar la tercera parte de los hombres. Pero no habéis de ser vosotros, mortales, quienes deis las señales del exterminio. ¡Ah, teméis al Sol! Sí, teméis que de él descienda el castigo; teméis que el sol sea la copa de fuego que ha de derramar el ángel sobre la Tierra; teméis quemaros con el calor, y morís blasfemando y sin arrepentiros, como está anunciado" (…) "En vano,[20] en vano queréis huir del sol, porque está escrito que esta miserable Babilonia será quemada con fuego" (…)».

Los sabios y los filósofos nada dijeron a *La Harmonía*, que no leían siquiera. Los periódicos satíricos con caricaturas fueron los que se encargaron de contestar al periodista *babilónico*, como le llamaron ellos, poniéndolo como ropa de Pascua,[21] y en caricaturas de colores.

Un sabio muy acreditado, que acababa de descubrir el *bacillus*[22] del hambre, y libraba a la humanidad doliente con inoculaciones de caldo gordo, sabio aclamado por el mundo entero, y que ya tenía en todos los continentes más estatuas que pelos en la cabeza, el doctor Judas Adambis,[23] natural de Mozambique, emporio[24] de las ciencias, Atenas moderna, Judas Adambis tomó cartas en el asunto y escribió una *Epístola*

---

19. *Abadón* es el nombre de un ángel, descrito como el rey de un ejército de langostas. Se le relaciona con el mundo de los muertos.

20. Inútilmente.

21. *Poner como ropa de Pascua*: 'criticar, hablar muy mal de alguien'.

22. Bacilo, microbio.

23. Nombre construido sobre Judas (el discípulo que traicionó a Jesucristo) y Adán, según la *Biblia*, el primer hombre sobre la Tierra. *Adambis*: 'el segundo Adán'.

24. Imperio, lugar importante para algo.

Universal, cuya primera edición vendió por una porción de millones.

Un periódico popular de la época, conservador todavía, daba cuenta de la carta del doctor Adambis, copiando los párrafos culminantes. El periódico, que era español, decía:

«Sentimos no poder publicar íntegra esta interesantísima epístola,[25] que está llamando la atención de todo el mundo civilizado, desde la Patagonia[26] a La Mancha, y desde el helado hasta el ardiente polo; pero no podemos concederle más espacio, porque hoy es día de toros y de lotería, y no hemos de prescindir ni de la lista grande, ni de la corrida, la cual no pasó de mediana, entre paréntesis. Dice así el doctor Judas Adambis:

»"... Yo creo que la humanidad de la Tierra debe, en efecto, romper las cadenas que la sujetan a este sistema planetario, miserable y mezquino para los vuelos de la ambición del hombre. La solución que el poeta francés nos propuso es magnífica, sublime...; pero no es más que poesía. Hablemos claro, señores. ¿Qué es lo que se desea? Romper un yugo ominoso,[27] como dicen los políticos avanzados de la cáscara amarga.[28] ¿Es que no puede llamarse la tierra libre e independiente, mientras viva sujeta a la cadena impalpable[29] que la ata al Sol y la Luna dé vueltas alrededor del astro tiránico, como el mono que, montado en un perro y con el cordel al cuello, describe circunferencias alrededor de su dueño haraposo? ¡Ah, no, se-

---

25. Carta, mensaje.
26. Región que se encuentra en el extremo sur del continente americano. Parte pertenece a Argentina y parte a Chile. A veces se utiliza como sinónimo de lugar perdido o lejano.
27. Abominable o despreciable.
28. *Ser de la cáscara amarga:* expresión que se usa para referirse a una persona que tiene opiniones diferentes, especialmente en la política.
29. Que no se puede ver ni tocar.

ñores! No es esto. Aquí hay algo más que esto. No negaré yo que esta dependencia del sol nos humilla; sí, nuestro orgullo padece con semejante sujeción. Pero eso es lo de menos. Lo que quiere la humanidad es algo más que librarse del sol…, es librarse de la vida.

»"Lo que causa hastío insoportable a la humanidad no es tanto que el Sol esté plantado en medio del corro, haciéndonos dar vueltas a la pista con sus latigazos de fuego, que una antigüedad remota llamó las flechas de Apolo,[30] como las vueltas mismas; esto, esto es lo tedioso: este volteo por lo infinito. Hubo un tiempo, los sabios pueden decirlo, feliz para el mundo: fue el tiempo en que se creyó en el progreso indefinido.

»"La ignorancia de tales épocas hacía creer a los pensadores que los adelantos que podían notar en la vida humana, refiriéndose a los ciclos históricos a que su escasa ciencia les permitía remontarse, eran buena prueba de que el progreso era constante. Hoy nuestro conocimiento de la historia del planeta no nos consiente formarnos semejantes ilusiones; los cientos de siglos que antiguamente se atribuían a la vida humana como hipótesis atrevida, hoy son perfectamente conocidos, con todos los pormenores de su historia; hoy sabemos que el hombre vuelve siempre a las andadas, que nuestra descendencia está condenada a ser salvaje, y sus descendientes remotos a ser, como nosotros, hombres aburridos de puro civilizados. Este es el volteo insoportable, aquí está la broma pesada, lo que nos iguala al mísero histrión del circo ecuestre… No se trata de una de tantas filosofías pesimistas, charlatanas y cobardes que han apestado el mundo. No se trata de una teoría, se trata de un hecho viril: del suicidio universal. La ciencia y las relaciones internacionales permiten hoy llevar a cabo tal

---

30. *Apolo* es el dios griego del Sol. El arco y las flechas es uno de sus símbolos.

intento. El que suscribe[31] sabe cómo puede realizarse el suicidio de todos los habitantes del globo en un mismo segundo. ¿Lo acepta la humanidad?"».

II

La idea de Judas Adambis era el secreto deseo de la mayor parte de los humanos. Tanto se había progresado en psicología, que no había un mal zapatero de viejo que no fuera un Schopenhauer[32] perfeccionado. Ya todos los hombres, o casi todos, eran almas superiores aparte, *d'elite, dilettanti,* como ahora pueden serlo Ernesto Renan o Ernesto García Ladevese.[33] En siglos remotos algunos literatos parisienses habían convenido en que ellos, unos diez o doce, eran los únicos que tenían dos dedos de frente;[34] los únicos que sabían que la vida era una bancarrota,[35] un aborto, etc. Pues bueno; en tiempos de Adambis, la inmensa mayoría de la humanidad estaba al cabo de la calle; casi todos estaban convencidos de eso, de que esto debía dar un estallido. Pero ¿cómo estallar? Esta era la cuestión.

El doctor Adambis, no solo había encontrado la fórmula de la aspiración universal, sino que prometía facilitar el medio de poner en práctica su grandiosa idea. El suicidio individual no resolvía nada; los suicidios menudeaban; pero los partos

---

31. El que suscribe es «el que escribe», o sea, «yo mismo».
32. Arthur Schopenhauer. Filósofo alemán (1788-1860), considerado uno de los más brillantes del siglo XIX y de más importancia en la filosofía occidental. Es el máximo representante del pesimismo filosófico y uno de los primeros en manifestarse abiertamente ateo.
33. Escritores poco importantes del siglo XIX.
34. *Tener dos dedos de frente*: 'tener la inteligencia mínima que se espera de una persona'.
35. Ruina. Pérdida de todos los recursos económicos.

felices mucho más. Crecía la población que era un gusto, y por ahí no se iba a ninguna parte.

El suicidio en grandes masas se había ensayado varias veces, pero no bastaba. Además, las sociedades de suicidas o voluntarios de la muerte, que se habían creado en diferentes épocas, daban pésimos resultados; siempre salíamos con que los accionistas y los comanditarios[36] de buena fe pagaban el pato,[37] y los gestores sobrevivían y quedaban gastándose los fondos de la sociedad. El caso era encontrar un medio para realizar el suicidio universal.

Los gobiernos de todos los países se entendieron con Judas Adambis, el cual dijo que lo primero que necesitaba, era un gran préstamo, y además, la seguridad de que todas las naciones aceptaban su proyecto, pues sin esto no revelaría su secreto ni comenzarían los trabajos preparatorios de tan gran empresa.

Aunque ya no había Inglaterra hacía mucho tiempo, pues se la había tragado el mar siglos atrás, no faltaban políticos anglómanos, y hubo quien sacó a relucir el *habeas corpus*[38] como argumento en contra. Otros, no menos atrasados, hablaron de la representación de las minorías. Ello era que no todos, absolutamente todos los hombres, aceptaban la muerte voluntaria.

El papa, que vivía en Roma, ni más ni menos que san Pedro, dijo que ni él ni los reyes podían estar conformes con lo del suicidio universal; que así no se podían cumplir las profecías. Un poeta muy leído por el bello sexo, aseguró que el mundo era excelente, y que por lo menos, mientras él, el

---

36. Socios que participan y obtienen beneficios en un negocio común.

37. *Pagar el pato*: 'cargar con una culpa o recibir un castigo sin merecerlo'.

38. Locución latina. Término jurídico. Derecho de toda persona detenida a ser llevada ante un tribunal para que este decida sobre la legalidad o ilegalidad de la detención.

poeta, viviese y cantase, el querer morir era prueba de muy mal gusto.

Triunfó, a pesar de estas protestas y de las corruptelas de algunos políticos atrasados, la genuina interpretación de la soberanía nacional. Se puso a votación en todas las asambleas legislativas del mundo el suicidio universal, y en todas ellas fue aprobado por gran mayoría.

Pero ¿qué se hizo con las minorías? Un escritor de la época dijo que era imposible que el suicidio universal se realizase desde el momento que existía una minoría que se oponía a ello. «No será suicidio, será asesinato, por lo que toca a esa minoría».

«¡Sofisma![39] ¡Sofisma! ¡Metafísica! ¡Retórica!» —gritaron las mayorías furiosas—. «Las minorías, advirtió el doctor Adambis en otro folleto, cuya propiedad vendió en cien millones de pesetas, las minorías no se suicidarán, es verdad; ¡pero las suicidaremos! Absurdo, se dirá. No, no es absurdo. Las minorías no se suicidarán, en cuanto individuos, o por sí mismas, pero como de lo que se trata es del suicidio de la humanidad, que en cuanto colectividad es persona jurídica, y la persona jurídica, ya desde el derecho romano, manifiesta su voluntad por la votación en mayoría absoluta, resulta que la minoría, en cuanto parte de la humanidad, también se suicidará por accidente.

Así se acordó. En una asamblea universal, para elegir a los miembros hubo terribles disturbios, palos, pedradas, tiros (de modo y manera que por poco se acaba la gente sin necesidad del suicidio); digo que en una asamblea universal se votó definitivamente el fin del mundo, por lo que tocaba a los hombres, y se dieron plenos poderes al doctor Adambis para que cortara y rajara a su antojo.

El préstamo se había cubierto una vez y cuarto (menos

---

39. Razón o argumento falso con apariencia de verdad.

que el del canal de Panamá), porque la humanidad de entonces, como la de ahora, se prestaba a entusiasmarse, a suicidarse; se prestaba a todo menos a prestar dinero.

Con auxilio de los Gobiernos pudo Adambis llevar a cabo su obra magna, que, por medio de aplicaciones mecánicas de condiciones químicas hoy desconocidas, puso a todos los hombres de la Tierra en contacto con la muerte. Se trataba de no sé qué diablo de fuerza recientemente descubierta que, mediante conductores de no se sabe ahora qué género, convertía el globo en una gran red que encerraba en sus mallas mortíferas a todos los hombres, quisieran o no. Había la seguridad de que ni uno solo podría escaparse del estallido universal. Adambis recordó al público en otro folleto, al revelar su intención, que ya un sabio antiquísimo que se llamaba, no estaba seguro si Renan o Fustigueras, había soñado con un poder que pusiera en manos de los sabios el destino de la humanidad, merced a una fuerza destructora descubierta por la ciencia. Aquel sueño de Fustigueras iba a realizarse; él, Adambis, dictador del exterminio, gracias al gran plebiscito[40] que le había hecho verdugo del mundo, tirano de la agonía, iba a destruir a todos los hombres, a hacerlos reventar en un solo segundo, sin más que colocar un dedo sobre un botón.

Sin hacer caso de los gritos y protestas de la minoría, se dispuso en todos los países civilizados, que eran todos los del mundo, cuanto era necesario para la última hora de la humanidad doliente. El ceremonial del tremendo trance costó muchas discusiones y disgustos, y por poco fracasa el gran proyecto por culpa de la etiqueta. ¿En qué traje, en qué postura, qué día y a qué hora debía estallar la humanidad?

Se aprobó que el traje fuese el de etiqueta rigurosa entre las clases altas, y en las demás el traje nacional. Se desechó

---

40. Consulta que se hace al pueblo sobre alguna ley o asunto.

una proposición de suicidarse en traje de Adán.[41] El que esto propuso se fundaba en que la humanidad debía terminar como había empezado; pero como el asunto de Adán no estaba muy claro, no se aprobó la idea. Además, era indecorosa. En cuanto a la postura, cada cual podía adoptar la que creyese más digna y elegante. ¿Día? Se designó el primero de año, por aquello de año nuevo, vida nueva.[42] ¿Hora? Las doce del día, para que el sol aborrecido presidiese, y pudiera dar testimonio de la suprema resolución de los humanos.

El doctor Adambis pasó un atento B. L. M. a todos los habitantes del globo, avisándoles la hora y demás circunstancias del asunto. Decía así el documento:

EL DOCTOR JUDAS ADAMBIS

B. L. M.

al Sr. D...

y tiene el gusto de anunciarle que el día de año nuevo, a las doce de la mañana, por el meridiano de tal, sentirá una gran conmoción en la espina dorsal,[43] seguida de un tremendo estallido en el cerebro. No se asuste el Sr. D..., porque la muerte será instantánea, y puede tener el consuelo de que no quedará nadie para contarlo. Ese estallido será el símbolo del supremo momento de la humanidad. Conviene tener hecha la digestión del almuerzo para esa hora.

El doctor Judas Adambis aprovecha esta ocasión para ofrecer... etcétera.

---

41. Desnudo. Se alude a Adán, quien fue, según la *Biblia*, el primer hombre.
42. Dicho popular. Con el comienzo del año empieza una nueva vida, hay que cambiar las costumbres.
43. Columna vertebral.

Llegó el día de año nuevo, y a las once y media de la mañana el doctor Judas, acompañado de su digna y bella esposa, Evelina Apple,[44] se presentó en el palacio en que residía la Comisión internacional organizadora del suicidio universal.

Vestía el doctor riguroso traje de luto, frac[45] y corbata negra y gasa en el sombrero. Evelina Apple, rubia, alta, de anchas caderas y vientre arrogante, de negro también, escotada y con manga corta, daba el brazo a su digno esposo. La comisión en masa, de frac y corbata negra también, salió a recibirlos al vestíbulo. Entraron en el salón del *Gran Aparato,* se sentaron los esposos en un trono, en sendos sillones; alrededor los comisionados, y, en silencio todos, esperaron a que sonaran las doce en un gran reloj de cuco, colocado detrás del trono. Delante de este había una mesa pequeña, cuadrada, con tabla de marfil. En medio de esta, un botón negro, sencillísimo, atraía las miradas de todos los presentes.

El reloj era una primorosa obra de arte. Estaba fabricado con material de un extraño pedrusco que la ciencia actual permitía asegurar que era procedente del planeta Marte. No cabía duda; era el proyectil de un cañonazo que nos habían disparado desde allá, no se sabía si en son de guerra o por ponerse al habla. De todas suertes, la Tierra no había hecho caso, votado como estaba ya el suicidio de todos.

La bala o lo que fuera se aprovechó para hacer el reloj en que había de sonar la hora suprema. El cuco era un esqueleto de este pajarraco. Entonces se le dio cuerda. No daba las medias horas ni los cuartos. De modo que sonaría por primera y última vez a las doce.

---

44. Nombre construido sobre Eva Manzana (*apple* es 'manzana' en inglés), en alusión a la que, según la *Biblia*, fue la primera mujer (Eva).

45. Vestido masculino, con una chaqueta que por delante llega hasta la cintura y por detrás tiene dos faldones más o menos anchos y largos.

Judas miró a Evelina con aire de triunfo a las doce menos un minuto. Entre los comisionados ya había cinco o seis muertos de miedo. Al comisionado español se le ocurrió que iba a perder la corrida del próximo domingo (los toros de invierno eran ya tan buenos como los de verano y viceversa) y se levantó diciendo... que él adoptaba el retraimiento y se retiraba. Adambis, sonriendo, le advirtió que era inútil, pues lo mismo estallaría su cerebro en la calle que en el puesto de honor. El español se sentó, dispuesto a morir como un valiente.

¡Plin! Con un estallido estridente se abrió la portezuela del reloj y apareció el esqueleto del cuco.

—¡Cucú, cucú!

Gritó hasta seis veces, con largos intervalos de silencio.

—¡Una, dos!

Iba contando el doctor.

Evelina Apple fue la que miró entonces a su marido con gesto de angustia y algo desconfiada.

El doctor sonrió, y por debajo de la mesa que tenía delante dio a su mujer la mano. Evelina se asió a su marido como a un clavo ardiendo.[46]

—¡Cucú...! ¡Cucú!

—¡Tres!... ¡Cuatro!

—¡Cucú! ¡Cucú!

—¡Cinco! ¡Seis!... —Adambis puso el dedo índice de la mano derecha sobre el botón negro.

Los comisionados internacionales que aún vivían cerraron los ojos por no ver lo que iba a pasar, y se dieron por muertos.

Sin embargo, el doctor no había oprimido el botón. La

---

46. La expresión *agarrarse a un clavo ardiendo* significa 'valerse de cualquier recurso o medio, por difícil o arriesgado que sea, para salvarse de un peligro o evitar un mal que amenaza'.

yema del dedo permanecía sin temblar rozando ligeramente la superficie del botón frío de hierro.

—¡Cucú! ¡Cucú!
—¡Siete! ¡Ocho!
—¡Cucú! ¡Cucú!
—¡Nueve! ¡Diez!

III

—¡Cucú!

—¡Once! —exclamó con voz solemne Adambis; y mientras el reloj repetía:

—¡Cucú!

En vez de decir: «¡Doce!», Judas calló y oprimió el botón negro.

Los comisionados permanecieron inmóviles en su respectivo asiento. El doctor y su esposa se miraron: pálido él y serio; ella, pálida también, pero sonriente.

—Te confieso —dijo Evelina— que, al llegar el momento terrible, temía que me jugaras una mala pasada. —Y apretó la mano de su marido, que tenía cogida por debajo de la mesa.

—¡Ya estamos solos en el mundo! —exclamó el doctor con voz de bajo profundo, ensimismado.

—¿Crees tú que no habrá quedado nadie más?...

—Absolutamente nadie.

Evelina se acercó a su marido. Aquella soledad del mundo le daba miedo.

—De modo que, por lo pronto, todos esos señores...

—Cadáveres. Ven, acércate.

—¡No, gracias!

El doctor descendió de su trono y se acercó a los bancos de

los comisionados. Ninguno se había movido. Todos estaban perfectamente muertos.

—Casi todos dan señales de haber muerto antes de la descarga, de puro miedo. Lo mismo habrá pasado a muchos en el resto del mundo.

—¡Qué horror! —gritó Evelina, que se había asomado a un balcón, del que se retiró corriendo. Adambis miró a la calle, y en la gran plaza que rodeaba el palacio vio un espectáculo tremendo, con el que no había contado, y que era, sin embargo, naturalísimo.

La multitud, cerca de 500 000 seres humanos, que llenaba el círculo grandioso de la plaza, formando una masa compacta, apretada, de carne, no eran ya más que un inmenso montón de cadáveres, casi todos en pie. Un millón de ojos abiertos, inmóviles, se fijaban con expresión de espanto en el balcón, cuyos balaustres oprimía el doctor con dedos crispados. Casi todas las bocas estaban abiertas también. Solo habían caído a tierra los de las últimas filas, en las bocacalles; sobre estos se inclinaban otros que habían penetrado algo más en aquel mar de hombres, y más adentro ya no había sino cadáveres tiesos, en pie, como cosidos unos a otros; muchos estaban todavía de puntillas, con las manos apoyadas en los hombros del que tenían delante. Ni un claro había en toda la plaza. Todo era una masa de carne muerta.

Balcones, ventanas, buhardillas y tejados, estaban cuajados de cadáveres también, y en las ramas de algunos árboles y sobre los pedestales de las estatuas yacían chiquillos muertos en todas las posiciones. El doctor sentía terribles remordimientos. —¡Había asesinado a toda la humanidad!—. Pero él tenía una disculpa: había obrado de buena fe al proponer el suicidio universal.

¡Pero su mujer!... Evelina le tenía en un puño. Era la hermosa rubia de la minoría en aquello del suicidio; no tanto por horror a la muerte como por llevarle la contraria a su marido.

Cuando vio que lo de morir todos iba de veras, tuvo una conversación a solas con su querido esposo; a la hora de acostarse, y en paños menores,[47] con el pelo suelto, le dejó las cosas muy claras, y unas veces llorando, otras riendo, altiva, humilde, sarcástica, patética, agotó los recursos de su influencia para obligar a su Judas, si no a volverse atrás de lo prometido, a cometer la locura de hacer una excepción en aquella matanza.

—¿No tienes medio de salvarnos a ti y a mí?...

El doctor, aunque lo negó al principio, tuvo que confesar al fin que sí; que podían salvarse ellos, pero solo ellos.

Evelina no tenía amantes; se conformó con salvarse sola, pues su marido no era nadie para ella.

Adambis, que era celoso, casi sin motivo, pues su mujer no pasaba nunca de ciertas coqueterías sin consecuencia, experimentó gran consuelo al pensar que se iba a quedar solo con Evelina en el mundo.

Gracias a ciertas sustancias, el doctor se aisló de la corriente mortífera; mas, para probar la fe de Evelina, no quiso untarla a ella con el salvador ingrediente, y la obligó a confiar en su palabra de honor. Llegado el momento terrible, Adambis, mediante el simple contacto de las manos, comunicó a su esposa la virtud de librarse de la conmoción mortal que debía acabar con el género humano.

Evelina estaba satisfecha de su marido. Pero aquello de quedarse a solas en el mundo con él, era muy aburrido.

—¿Y cómo vamos a salir de aquí? Imposible atravesar esa plaza; esa muralla de carne humana nos lo impedirá... El doctor sonrió. Sacó del bolsillo del chaleco un pedacito de tela muy fina; lo estiró entre los dedos, lo dobló varias veces y lo desdobló, como quien hace una pajarita de papel; resultó un poliedro regular; por un agujero que tenía la tela sopló varias

---

47. Vestida solo con la ropa interior.

veces; después de meterse una pastilla en la boca, el poliedro fue hinchándose, se convirtió en esfera y llegó a tener un diámetro de dos metros; era un globo de bolsillo.

—¡Ah! —dijo Evelina—, has sido previsor, te has traído el globo. Pues volemos, y vamos lejos; porque el espectáculo de tantos muertos, entre los que habrá muchos conocidos, no me divierte.

La pareja entró en el globo, que tenía por dentro todo lo necesario para la dirección del aparato y para la comodidad de dos o tres viajeros.

Y volaron. Y subieron muy alto…

Huían, sin decirse nada, de la tierra en que habían nacido. Sabía Adambis que en cualquier lugar en el que se posase, encontraría un cementerio. ¡Toda la humanidad muerta por obra suya!

Evelina, en cuanto calculó que estarían ya lejos de su país, opinó que debían descender. Su repugnancia, que no llegaba a remordimiento, se limitaba al espectáculo de la muerte en tierra conocida… «Ver cadáveres extranjeros no la espantaría.» Pero el doctor no sentía así. Después de su gran crimen (pues aquello había sido un crimen), ya solo encontraba tolerable el aire; la tierra no. Flotar entre nubes por el diáfano cielo azul…, menos mal; pero tocar en el suelo, ver el mundo sin hombres…, eso no; no se atrevía a tanto. «¡Todos muertos! ¡Qué horror!» Cuantas más horas pasaban, más aumentaba el miedo de Adambis a la tierra.

Evelina, asomada a una ventanilla del globo, iba ya distraída contemplando el paisaje. El fresco la animaba; un vientecillo ligero, que jugaba con los rizos de su frente, le hacía cosquillas. «No se estaba mal allí.»

Pero de repente se acordó de algo. Se volvió hacia el doctor y dijo:

—Chico, tengo hambre.

El doctor, sin decir palabra, tomó del bolsillo del frac una especie de petaca,[48] y de esta sacó un rollo que semejaba un cigarro puro. Era un alimento esencial, invención del doctor mismo. Con aquel cigarro-comestible se podía pasar perfectamente dos o tres días sin más alimento.

—No; quiero comer de verdad. Vuestra comida química me horroriza, ya lo sabes. Yo no como por sustentar el cuerpo; como por comer, por gusto; el hambre que yo tengo no se quita con alimentarse, sino satisfaciendo el paladar; ya me entiendes, quiero comer bien. Descendamos a la tierra; en cualquier parte encontraremos provisiones; todo el mundo es nuestro. Ahora tengo el capricho de ir a comer el almuerzo o la cena que tuvieran preparados el emperador y la emperatriz de Patagonia; ¡ea, guía hacia la Patagonia; anda, y a escape, a toda máquina[49]…!

Adambis, pálido de emoción, con voz temblorosa, a la que en vano procuraba dar tonos de energía, se atrevió a decir:

—Evelina, ya sabes… que siempre he sido esclavo voluntario de tus caprichos…, pero en esta ocasión… perdóname si no puedo complacerte. Primero me arrojaré de cabeza desde este globo que descender a la tierra… a robarle la comida a cualquiera de mis víctimas. Asesino fui, pero no seré ladrón.

—¡Imbécil! Todo lo que hay en la tierra es tuyo; tú serás el primer ocupante…

—Evelina, pide otra cosa. Yo no bajo.

—Y entonces… ¿nos vamos a morir aquí de hambre?

—Aquí tienes mis cigarros de alimento.

—Pero ¿y cuando los termine?

—Con un poco de agua y de aire, y de dos o tres cuerpos

---

48. Recipiente, normalmente de cuero, para guardar cigarros.

49. *A escape* y *a toda máquina* son expresiones que significan 'deprisa, velozmente'.

simples, que yo buscaré en lo más alto de algunas montañas poco habitadas, tendré lo suficiente para componer sustancia de la que hay en estos extractos.

—Pero eso es muy soso.

—Pero basta para no morirse.

—¿Y vamos a estar siempre en el aire?

—No sé hasta cuándo. Yo no bajo.

—¿De modo que yo no voy a ver el mundo entero? ¿No voy a apoderarme de todos los tesoros, de todos los museos, de todas las joyas, de todos los tronos de los grandes de la Tierra? ¿De modo que en vano soy la mujer del Dictador *in articulo mortis*[50] de la humanidad? ¿De modo que me has convertido en una pajarita... después de ofrecerme el imperio del mundo?...

—Yo no bajo.

—Pero ¿por qué? ¡Imbécil!

—Porque tengo miedo.

—¿A quién?

—A mi conciencia.

—Pero ¿hay conciencia?

—Por lo visto.

—¿No estaba demostrado que la conciencia es una captación de la materia orgánica en cierto estado de desarrollo?

—Sí estaba.

—¿Y entonces?

—Pero hay conciencia.

—¿Y qué te dice tu conciencia?

—Me habla de Dios.

—¡De Dios! ¿De qué Dios?

---

50. Locución latina que se usa para referirse a un acto jurídico, especialmente un matrimonio, que se realiza en una situación de peligro de muerte de alguna de las personas.

—¡Qué sé yo!... De Dios.

—No hay quien te entienda. Explícate. ¿No te burlabas tú de mí porque predicaba, porque iba a misa, y me confesaba a veces? Yo era y soy católica, como casi todas las señoras del mundo habían llegado a serlo. Pero eso no me impedía reconocer que tú, como casi todos los hombres del mundo, tendrías tus razones para ser ateo y racionalista, y recordarás que nunca te armé ningún escándalo por motivos religiosos.

—Es cierto.

—Pero ahora, cuando menos falta hace, te vienes tú con la conciencia... y con Dios... Y a buena hora, cuando ya no hay quien te perdone, porque las mujeres no podemos meternos en eso. Eres tonto, Judas, siempre lo he dicho, eres un sabio muy tonto.

—Pues yo no bajo.

—Pues yo no fumo. Yo no me alimento con esas porquerías que tú fabricas. Todo eso debe de ser veneno a la larga.[51] A lo menos, hombre, descendamos donde no haya gente..., en alguna región donde haya buena fruta..., espontánea, ¡qué sé yo!; tú, que lo sabes todo, sabrás dónde hay de eso. Guía.

—¿Te contentarías con eso..., con buena fruta?

—Por ahora..., sí, puede.

Adambis se quedó pensativo. Él recordaba que, entre los modernísimos comentaristas de la *Biblia,* tanto católicos como protestantes, se había tratado, con gran erudición y copia de datos, la cuestión geográfico-teológica del lugar que ocuparía en la Tierra el Paraíso.[52]

---

51. *A la larga*: después de un cierto tiempo.

52. El Edén o Paraíso terrenal es, según el relato bíblico del libro del *Génesis* (primer libro de la *Biblia*), el lugar donde colocó Dios a los primeros hombres, Adán y Eva, después de haberlos creado.

Él, Adambis, que no creía en el Paraíso, había seguido la discusión por curiosidad de arqueólogo, y hasta había tomado partido, a reserva de pensar que el Paraíso no podía estar en ninguna parte, porque no lo había habido. Pero era lo cierto que, hipotéticamente, suponiendo fidedignos los datos del *Génesis*, y concordándolos con modernos descubrimientos hechos en Asia, resultaba que tenían razón los que colocaban el Jardín de Adán[53] en tal paraje, y no los que le ponían en tal otro sitio. La conclusión de Adambis era: que «si el Paraíso hubiera existido, sin duda hubiera estado donde decían los doctores A. y B., y no donde aseguraban los PP. X. y Z.». De esta famosa discusión y de sus opiniones acerca de ella, le hicieron acordarse las palabras de su mujer. «¡Si la *Biblia* tuviera razón! ¿Si todo eso hubiera sido verdad? ¡Quién sabe! Por si acaso, busquemos.»

Y después de pensar así, dijo en voz alta:

—Ea, Evelina, voy a darte gusto. Voy a buscar eso que pides: una región no habitada que produce espontáneos frutos y frutas de lo más delicado.

Y seguía pensando el doctor: «Suponiendo que el Paraíso exista y que yo lo encuentre, ¿será lo que fue?

»¿Seguirá Dios haciéndole producir tan sabrosos frutos?

»¿No se habrá estropeado algo con las aguas del diluvio?[54] Lo que es indudable, si la *Biblia* dice bien, es que allí no ha vuelto a poner su planta ser humano. Esos mismos sabios que han discutido dónde estaba el Paraíso no han tenido la ocurrencia de precisar el lugar, de ir allá, buscarlo, como yo voy a hacer.

»Ellos decían: debió de estar hacia tal parte, cerca de tal

---

53. El Paraíso.

54. El diluvio universal. Supuesta inundación mundial producida por grandes lluvias, relatada en textos de algunas antiguas culturas. Aparece mencionado en el *Génesis*.

otra; pero no fueron a buscarlo. Tal vez yo lo encuentre. Y bajando en globo, aunque los ángeles sigan a la puerta con espadas de fuego, no me impedirán la entrada.

»¡Oh, sí, busquemos el Paraíso! Paraíso para mí, porque será el único lugar de la Tierra desierto: es decir, que no sea un cementerio; único lugar donde no encontraré el espectáculo horrendo de la humanidad muerta e insepulta.»[55]

Abreviemos. Buscando, buscando desde el aire con un buen anteojo,[56] comparando sus investigaciones con sus recuerdos de la famosa discusión teológico-geográfica, Adambis llegó a una región del Asia Central, donde, o mucho se engañaba, o estaba lo que buscaba. Lo primero que sintió fue una satisfacción del amor propio... La teoría de los *suyos era* la cierta... El Paraíso existía y estaba allí, donde él creía. Lo raro era que existiese el Paraíso.

—¡Mira, no sea que te equivoques! ¿No será eso una gran huerta de algún mandarín chino o de un gobernador turco?

El paisaje era delicioso; la frondosidad, como no la había visto jamás Adambis.

Cuando él dudaba así, de repente Evelina, que también observaba con unos anteojos de teatro, gritó:

—¡Ah, Judas, Judas!, por aquel prado se pasea un señor..., muy alto, sí, parece alto..., de bata blanca... con muchas barbas, blancas también...

—¡Cáscaras![57] —exclamó el doctor, que sintió un escalofrío mortal.

Y dirigiendo su catalejo hacia la parte a que apuntaba Evelina, dijo con voz de espanto:

---

55. No sepultada, no enterrada.
56. Instrumento óptico que, mediante un tubo con dos lentes situadas en sus extremos, amplía las imágenes de los objetos lejanos.
57. Expresión de sorpresa.

—No hay duda..., es él. ¡Él, mejor dicho!
—Pero ¿quién?
—¡Yova Elhoim! ¡Jehová!⁵⁸ ¡El Señor Dios! ¡El Dios de nuestros mayores!...

IV

El autor de toda esta farsa necesita, al llegar a este punto de su narración, interrumpirla, aunque lo sienta y mortifique a esos grupos de jóvenes naturalistas⁵⁹ que no pueden ver sin disgusto que aparezca en la novela o cuento, o lo que sea, la personalidad del escritor. Yo, de buena gana, continuaría siendo tan objetivo como hasta aquí; pero no tengo más remedio que sacar a plaza mi humilde personalidad, aunque sea pecando contra todos los cánones y leyes del naturalismo.

Esos rebaños de naturalistas imberbes me perdonarán; pero al presentar en escena nada menos que al *Deus ex machina*⁶⁰ de la *Biblia*, necesito hacer algunas manifestaciones.

Pintar a Jehová tal como es, sin idealizarlo ni nada de eso, es empresa superior a mis fuerzas, porque yo nunca le he visto.

Discuten los sabios si el mismo Moisés⁶¹ llegó a verlo cara

---

58. Nombre, seguramente de origen hebreo, que se da a Dios en el Antiguo Testamento (primera parte de la *Biblia*).

59. Seguidor del naturalismo, estilo artístico, sobre todo literario, emparentado con el realismo, basado en reproducir la realidad con una objetividad documental en todos sus aspectos.

60. Locución latina que significa 'el dios [que baja] de la máquina'. Se origina en el teatro griego y romano, cuando una grúa *(machina)* o cualquier otro medio mecánico introducía desde fuera del escenario a un actor que interpretaba a una deidad *(deus)* para resolver una situación complicada o dar un giro a la trama. Actualmente se utiliza para referirse a un elemento externo que resuelve una historia sin seguir su lógica interna.

61. Moisés es el profeta más importante para el judaísmo, liberador del

a cara; algunos afirman que solo una vez gozó de su presencia; pero yo, sin ser sabio, me inclino al parecer de los que piensan que ni Moisés ni nadie puso en él los ojos en la vida. Otra cosa es aquello de sentir el Espíritu del Señor que pasa, el soplo divino que hiere el rostro, etc. Eso es posible.

Para sostener el carácter de Jehová me basta con los documentos bíblicos, pues se ve en ellos que su energía no decae ni un momento y que en él no hay contradicciones; porque el haber hecho el mundo, y arrepentirse después, no es una contradicción, toda vez que, si a eso fuéramos, ahí está Cánovas[62] que primero fue revolucionario y después se arrepintió, y la energía de Cánovas, sin embargo, está fuera de toda discusión. Y me alegro de haber citado a este personaje, porque si ustedes quieren buscarle a Jehová, según le presenta la *Biblia*, un parecido, el mayor que encontrarán en la historia, para tener idea del Zeus bíblico, será, precisamente, Cánovas.

Y ahora tengo que entendérmelas con los tímidos, indecisos y precavidos en materia religiosa, que acaso quieran ver notas de impiedad en mi cuento. No hay tal impiedad; primero y principalmente, porque solo se trata de una broma, y yo aquí no quiero probar nada, ni acabar con la Iglesia de Pedro, ni siquiera con los abusos del clero madrileño. Puedo jurar que respeto a Jehová, escríbase como se escriba, tanto como el que más, y que en este cuento no pretendo reemplazar la religión de nuestros mayores por otra de mi invención. Para significar ese respeto precisamente, prescindo de los procedimientos naturalistas, y en vez de presentar al nuevo personaje obrando y hablando, como quiere la buena retórica, pasaré como

---

pueblo hebreo de la esclavitud de Egipto y encargado por Dios de recibir la ley escrita, los Diez Mandamientos.

62. Antonio Cánovas del Castillo (1828-1897). Importante político conservador español del siglo xix y presidente del Gobierno.

sobre ascuas[63] sobre todo lo que se refiere a sus relaciones con Adambis, mi héroe, valiéndome de una narración indirecta y no de una descripción directa y plástica.

Me apresuro a decir que la bata[64] que Evelina creyó haber visto pendiente de los hombros del que se paseaba por aquel prado del Paraíso, no debía de ser tal bata, ni las barbas, barbas; pero ya saben ustedes que las mujeres todo lo materializan.

Ello es que aquel era Jehová, efectivamente, y que se estaba paseando por aquel prado del Paraíso, como solía todas las tardes que hacía bueno; costumbre que le había quedado desde los tiempos de Adán.

Adambis, aturdido con la presencia del Señor, de que no dudaba, pues si hubiese sido un hombre como los demás hubiera muerto a las doce de la mañana, Adambis, lleno de terror y de vergüenza, perdió el control del globo, que comenzó a bajar rápidamente y se enredó en las ramas de un árbol.

Evelina gritaba, espantando las aves del Paraíso, que volaban en grandes círculos alrededor de los inesperados viajeros.

Levantó el Señor la cabeza al oír tanto ruido, y viendo el accidente, acudió a salvar a los náufragos del aire.

A presencia de Jehová, el doctor Judas permanecía silencioso y avergonzado. Evelina miraba al Señor con curiosidad, pero sin asombro. Encontrarse con un Dios personal de manos a boca, le parecía tan natural, como le hubiera parecido la demostración matemática de que Dios no existe. Lo que ella quería era tomar algo.

Con arreglo a lo dicho, se renuncia a copiar aquí el diálogo que medió entre Jehová y el sabio de Mozambique. Pero se dirá la sustancia.

---

63. *Pasar sobre ascuas*: 'tratar un asunto por encima, con poca profundidad'.
64. Prenda cómoda que se usa para estar en casa.

El Señor no abusó, como hubiera hecho Júpiter,[65] de su situación, que le daba una superioridad incontestable. Nada de críticas ni de sarcasmos mucho menos. Demasiado sabía él que Adambis, desde que había estudiado Anatomía comparada, se había pasado la vida negando la posibilidad de un Dios personal. Los dos sabían esto. ¿Para qué hablar de ello?

Judas se creyó en el deber de humillarse y de confesar su error. Pero Jehová, con delicadeza, hizo que la conversación cambiase de rumbo.

Lo pasado, pasado. Ahora se trataba de reformar la humanidad por segunda vez. Lo de Adán había salido mal; el remedio del diluvio tampoco había probado; tal vez el mal habría estado en dejar vivos a tantos parientes; un mundo que comienza entre suegros y cuñadas no puede ir bien... Jehová esperaba más formalidad por parte de Judas Adambis. Judas había acabado con la humanidad... Poco se había perdido.

El pesimismo era la tontería que menos podía tolerar Jehová; la humanidad se había hecho pesimista...; bien muerta estaba. Ahora se trataba de otro ensayo: Adambis iba a repoblar el mundo, y si esto salía mal también, bastaba de ensayos; la Tierra se quedaría en barbecho[66] por ahora.

El matrimonio de Adambis y Evelina había sido hasta entonces infecundo; pero con las aguas del Paraíso, Jehová prometía que la fecundidad visitaría el seno de aquella señora.

—No serán ustedes inocentes —vino a decir Jehová— porque eso ya no puede ser. Pero esto mismo me conviene. Inocente y todo, Adán hizo lo que hizo. Usted, señor Adambis, es un sabio verdadero, a pesar de sus errores teológicos, y quiero

65. Principal dios de la mitología romana, padre de dioses y de hombres. Su equivalente griego es Zeus. Era conocido por su mal humor y por sus castigos en forma de rayos.

66. El *barbecho* es una técnica de la agricultura por la cual la tierra de cultivo se deja sin sembrar, para que "respire" durante un tiempo.

ver si me conviene más la suprema malicia que la suprema inocencia. Desde hoy llevan ustedes en arrendamiento todo este jardín amenísimo. La renta que me han de pagar serán sus buenas obras. Todo lo que ustedes ven es de ustedes.

—¿Absolutamente todo? —exclamó Evelina.

Y Jehová, aunque con otras palabras, dijo:

—Sí, señora..., sin más excepción que una... insignificante. Pongo por condición... la misma que puse al otro. No se ha de tocar este manzano, que en un tiempo fue el árbol de la ciencia del bien y del mal,[67] y que ahora no es más que un manzano de la acreditada clase de los que producen las ricas manzanas de Balsaín.[68] Por comer de esos manzanos no sabrán ustedes ni más ni menos de lo que saben, ni serán como dioses, ni nada de eso. Si el diablo se presenta otra vez y quiere tentar a esta señora, no le haga caso. Como este manzano hay muchísimos el Paraíso. Pero yo me entiendo, y no quiero que se toque ese árbol. Si coméis de esas manzanas, vuelta a empezar; os echo de aquí, tendréis que trabajar, parirá esta señora con dolor,[69] etc. En fin, ya saben ustedes el programa. Y no digo más.

Y desapareció Jehová. Y casi me alegro, porque ahora ya puedo copiar el diálogo textualmente.

Evelina encogió los hombros y dijo:

—Tú, Judas, ¿qué opinas de todo esto?

—¡Imagínate!

—¡Buen sabio estabas tú hecho! Mira qué bien hacía yo

---

67. El árbol de la ciencia del bien y del mal es el árbol de la fruta prohibida, del conocimiento reservado a Dios. Este prohibió comer las manzanas de ese árbol a Adán y a Eva. El diablo, en forma de serpiente, los engañó y comieron, por lo que fueron expulsados del Paraíso.

68. Balsaín o Valsaín, pueblo próximo a La Granja, en la provincia de Segovia.

69. Adán y Eva, después de comer la fruta prohibida y ser expulsados del Edén, fueron castigados a trabajar y a tener hijos con dolor.

en ir a misa, por si acaso. Tú eres un tonto, que por poco nos haces condenarnos a los dos. Afortunadamente, el Señor parece un señor muy amable…

—¡Oh! La bondad infinita…

—Sí, pero…

—El sumo[70] bien…

—Sí, pero…

—La sabiduría infinita…

—Sí, pero…

—Pero ¿qué?

—Pero algo raro.

—Y tan raro, como que es el único.

—No, no quiero decir raro en ese sentido, sino en el de… ¡Mira que prohibirnos comer de esas manzanas como si fuéramos unos chiquillos!…

—Y no comeremos.

—Claro que no, hombre. No te pongas así. Pues por eso digo que es raro. ¿Qué trabajo nos cuesta a nosotros evitar comer unas pocas manzanas que son como las demás?

—Mira, en eso entremos. Dios es Dios, ¿vale?, y lo que Él hace, bien hecho está.

—Pero confiesa que eso es un capricho.

—No confieso eso, ni tú tampoco; y te prohíbo blasfemar[71] en adelante. Por lo pronto, no pienses más en tales manzanas…, que el diablo las carga.[72]

—¡Qué va a cargar, tonto! Buena soy yo. Por cierto, tengo sed…, deseo de eso, de eso…, de fruta…, de manzanas precisamente, y de Balsaín.

---

70. El máximo, el más grande.
71. Decir algo en contra de Dios o de la religión.
72. *Lo/la carga el diablo*: expresión que se usa cuando alguien pretende hacer algo que tiene un riesgo, para advertirle de que quizás no es plenamente consciente de ello.

—¡Mujer!

—¡Bobalicón! ¿No ha dicho que de esa clase hay aquí a montones? Pues vamos a buscar otro árbol igual, y me como las que quiera.

—Sí, Evelina. Mira... Aquí tienes otro árbol igual que el prohibido. Toma. ¿Ves qué hermosa manzana?

Evelina clavó los blancos y apretados dientes en la manzana que le ofrecía su esposo.

Mientras Judas volvía la espalda y buscaba otra, una voz, como un silbido, gritó al oído de Evelina.

—¡Eso no es Balsaín!

Tomó ella el aviso por voz interior, por revelación del paladar, y gritó irritada:

—Mira, Judas, a mí no me la das[73] tú. ¡Esto no es Balsaín!

Un sudor frío, como el de las novelas, inundó el cuerpo de Adambis.

—Buenos estamos —pensó—. ¡Si Evelina empieza a desconfiar... no va a haber Balsaín en todo el Paraíso!... Así fue... A cien árboles les arrancó fruta y la voz siempre gritaba al oído de la esposa:

—¡Eso no es Balsaín!

—No te canses, Judas —dijo ella ya cansada—. No hay más manzanas de Balsaín en todo el Paraíso que las del árbol prohibido.

Hubo una pausa.

—Pues hija... —se atrevió a decir Adambis—, ya ves..., no hay más remedio... Si te empeñas en que no hay más que esas..., tienes que quedarte sin ellas.

—¡Bien, hombre, bien, me quedaré! Pero no es esa manera de decirlo.

La voz de antes gritó al oído de Evelina:

---

73. *No me la das*: 'no me engañas'.

—¡No te quedarás!

—Otro sería más... enamorado que tú. Mostraría más... más pasión.

—¿Qué quieres decir, Evelina?...

—Que Adán, con ser Adán, era más cumplido amador que tú.

—Tengamos la fiesta en paz, y renuncia al Balsaín.

—¡Bueno! Pues tú... ya que prefieres cumplir un capricho de quien hace una hora negabas que existiese, a satisfacer un deseo de tu mujer..., tú, mameluco,[74] renuncia a lo otro.

—¿Qué es lo otro?

—¿No se nos ha dicho que seré fecunda[75] en adelante?

—Sí, de eso iba a hablarte...

—Pues no hay de qué. Nada de fecundidad.

—Pero, mujer...

—Nada, que no quiero.

—¡Así, perfectamente! —dijo la voz que le hablaba al oído a Evelina.

Se volvió ella y vio al diablo en figura de serpiente, enroscado en el tronco del árbol prohibido.

Evelina contuvo una exclamación, a una señal del diablo, que comprendió perfectamente; se dirigió a su marido y le dijo sonriente:

—Pues mira, cariño, si quieres que seamos amigos, corre a pescarme truchas[76] de aquel río que corre allá abajo...

—Con mil amores...

Y desapareció el sabio a todo escape. Evelina y la serpiente quedaron solos.

—Supongo que usted será el demonio... como la otra vez.

---

74. Necio, tonto, de poca inteligencia.
75. Que puede tener hijos.
76. Pez de río con pintas negras muy apreciado por su carne.

—Sí, señora; pero créame usted a mí: debe usted comer de estas manzanas y hacer que coma su marido. No digo que después serán ustedes iguales que dioses; nada de eso. Pero la mujer que no sabe imponer su voluntad en el matrimonio está perdida. Si ustedes comen, perderán el Paraíso; ¿y qué? Fuera tiene usted las riquezas de todo el mundo civilizado a su disposición... Aquí no haría usted más que aburrirse y tener hijos...

—¡Qué horror!

—Y eso por una eternidad...

—¡Jesús! No lo quiera Dios. Venga, venga. —Y Evelina se acercó al árbol, arrancó una, dos, tres manzanas, y les fue hincando el diente con apetito de fiera hambrienta.

Desapareció la serpiente, y a poco volvió Adambis... sin truchas.

—Perdóname, pero en ese río... no hay truchas...

Evelina echó los brazos al cuello de su esposo. Él se dejó querer.

Una nube de deseo los envolvió luego.

Cuando el doctor se atrevió a pedir las más íntimas caricias, Evelina le puso delante de la boca media manzana ya mordida por ella, y con seductora sonrisa, dijo:

—Pues come...

—¡*Vade retro!*[77] —gritó Judas, poniéndose a salvo de un salto—. ¿Qué has hecho?

—Comer, perderme... Pues ahora piérdete conmigo, come... y yo te haré feliz..., mi adorado Judas...

—Primero me matan. No, señora, no como. Yo no me pierdo. Tú no sabes cómo es Jehová cuando se enfada. No como.

---

77. *¡Vete atrás!*: expresión latina que se utiliza para rechazar a alguien o algo, especialmente el diablo.

Se enfadó mucho Evelina, pero de nada sirvieron ruegos, ni amenazas ni tentaciones. Judas no comió.

Así pasaron aquel día y la noche, riñendo como energúmenos.[78] Pero Judas no comió la fruta del árbol prohibido.

Al día siguiente, muy de madrugada, se presentó Jehová en el huerto.

—¿Qué tal, habéis comido bien? —preguntó. En fin, hubo explicaciones. Jehová lo supo todo.

—Pues ya sabéis la pena cuál es —dijo, pero sin incomodarse—. Fuera de aquí, y a ganarse la vida…

—Señor —observó Adambis—, debo advertir a vuestra Divina Majestad que yo no he comido del fruto prohibido… Por consiguiente, el destierro[79] no me debe afectar.

—¿Cómo? ¿Y me dejarás marchar sola? —gritó ella furiosa.

—Ya lo creo. Aquí se acaba todo…

—De modo —vino a decir el Señor— que lo que tú quieres es el divorcio…

—Justo eso.

—Pero entonces se va a acabar la humanidad si muere tu esposa…; es decir, no quedará más hombre que tú…, que por ti solo no puedes tener hijos —vino a decir Jehová.

—Pues que se acabe. Yo quiero quedarme aquí. Y en efecto, se quedó Adambis en el Paraíso.

Y salió Evelina, arrastrada por dos ángeles de guardia.

Renuncio a describir el terrible enfado de la desdeñada[80] esposa al verse sola fuera del Paraíso. La Historia solo dice de ella que vivió sola algún tiempo como pudo. Una leyenda

---

78. Persona furiosa, violenta.

79. Castigo que consiste en expulsar a alguien de su tierra, de su país o localidad.

80. Despreciada, rechazada.

cuenta que acabó por entregar sus encantos al diablo. En cuanto al prudente Adambis, se quedó como en la gloria, en el Paraíso.

—¡Ahora sí que es esto Paraíso! ¡Dos veces Paraíso! ¡Todo es mío, todo... menos mi mujer!... ¡Qué mayor felicidad!...

Pasaron siglos y siglos, y Adambis llegó a cansarse del jardín. Intentó varias veces el suicidio, pero fue inútil. Era inmortal.

Así fue cómo, al fin, se acabó el mundo, por lo que respecta a los hombres.

La Ronca

Juana González era otra dama joven[1] en la compañía[2] de Petra Serrano, pero además era *otra* doncella de Petra, aunque de más categoría que la que oficialmente desempeñaba el cargo. Más que deberes normativamente establecidos, Juana se veía obligada a ciertos servicios domésticos[3] por su cariño, su gratitud hacia Petra, su protectora, quien, además, la había hecho feliz casándola con Pepe Noval, un segundo galán cómico, muy pálido, muy triste en la vida, y muy alegre, ocurrente y gracioso en las tablas.[4]

Noval había trabajado años y años en provincias[5] sin mucha fortuna, y cuando se vio en la capital, en la famosa compañía de Petra Serrano, se creyó el hombre más feliz, sin ver que iba a serlo mucho más al enamorarse de Juana, conseguir su mano y encontrar su media naranja. En todas partes se les veía juntos, procurando ocupar entre los dos el lugar que apenas bastaría para una persona de buen tamaño —ellos eran más bien delgados—; y en todo era lo mismo: comía cada cual

1. Así se llamaba a las actrices que representaban ese tipo de papeles.
2. Agrupación de actores, cantantes o bailarines unidos para representar espectáculos escénicos.
3. Labores de la casa.
4. Escenario del teatro.
5. Fuera de la capital, fuera de Madrid.

media ración, hablaban entre los dos tanto como hablaría un solo taciturno;[6] y cada cual suplía los quehaceres[7] del otro, si llegaba el caso. Y así, Noval, por decirlo de alguna manera, era también algo criado de Petra, por seguir a su mujer.

El tiempo que Juana tenía que estar separada de su marido, procuraba estar al lado de la Serrano. En el teatro, en el cuarto de la primera dama, se veía casi siempre a su humilde compañera y casi criada, la González. La última mano al peinado de Petra siempre la daba Juana; y en cuanto no se la necesitaba iba a sentarse, casi acurrucada,[8] en un rincón de un diván, a oír y callar, a observar, sobre todo; que era su pasión aprender en el mundo y en los libros todo lo que podía. Leía mucho, pensaba a su manera, sentía mucho y bien; pero de todas estas gracias solo sabía Pepe Noval, su marido, su confidente, único ser del mundo ante el cual no le daba a ella mucha vergüenza ser una mujer ingeniosa, instruida, expresiva y soñadora. A solas, en casa, se lucían el uno ante el otro; porque también Noval tenía sus habilidades: era un gran trágico y un gran cómico; pero delante del público y de los compañeros no se atrevía a desenvolver sus facultades, que eran extrañas, que chocaban con la rutina dominante. Tenía Noval una escuela de naturalidad escénica, de sinceridad patética, de jovialidad artística, que exigía, para ser apreciada, condiciones muy diferentes de las que existían en el gusto y las costumbres del público, de los autores, de los demás cómicos y de los críticos. Ni el marido de Juana tenía la pretensión de sacar a relucir su arte escondido ni Juana mostraba interés en que la gente se enterase de que ella era lista, ingeniosa, viva, capaz de sentir y ver mucho. Las pocas veces que Noval

---

6. Callado, silencioso, que le molesta hablar.
7. Labores, trabajos, obligaciones.
8. Encogida. Doblada sobre sí misma.

había ensayado representar a su manera, separándose de la rutina, en que se le tenía por un galán cómico muy aceptable, había recogido desengaños:[9] ni el público ni los compañeros apreciaban ni entendían aquella clase de naturalidad en lo cómico. Noval, sin odio ni resentimiento, volvía a su humilde envoltorio de actor de segunda fila. En casa, sin embargo, hacía desternillarse[10] de risa a su mujer, la aterraba con un Otelo de su invención o la entristecía con el Hamlet que él había ideado. Ella también era mejor cómica en casa que en el escenario. En el teatro y ante el mundo entero, menos ante su marido, a solas, tenía un defecto que hacía de ella una especie de «enferma del arte teatral»: cuando tenía que hablar a varias personas que callaban para escucharla, a Juana se le ponía una especie de tela en la garganta y la voz le salía, como por un cendal,[11] velada, débil, de un timbre singular, que tenía una especie de gracia inexplicable, para muy pocos, y que el público en general solo apreciaba en rarísimas ocasiones. A veces el papel, en determinados momentos, se ajustaba al defecto fonético de la González, y en la sala había un rumor de sorpresa, de agrado, que despertaba leve murmullo de admiración. Pasaba aquel momento, que daba a Juana más pena que alegría, y todo volvía a su estado; la González seguía siendo una mediocre actriz de las más modestas, excelente amiga, nada envidiosa, servicial, agradecida, pero casi, casi imposibilitada para mejorar y llamar de verdad la atención. Juana por sí, por sus pobres habilidades de la escena, no sentía aquel desvío, aquel menosprecio compasivo; pero en cuanto

---

9. Fracasos.
10. Reírse mucho y a carcajadas. *Partirse* de risa. Tanto que, literalmente, se rompen las *ternillas*, las articulaciones de los huesos.
11. Tela de seda o lino muy delgada y transparente que se solía utilizar para filtrar líquidos.

al desdén[12] con que se miraba el arte de su marido, era otra cosa. En silencio, sin decírselo a él, la González sentía como una espina la ceguera del público, que, por costumbre, era injusto con Noval.

Una noche entró en el cuarto de la Serrano el crítico a quien Juana consideraba como el único que sabía comprender y sentir lo bueno y mirar su oficio con toda la honradez que requiere. Era don Ramón Baluarte, que rondaba los cuarenta y cinco años, uno de los pocos ídolos literarios a quien Juana admiraba en secreto, tan en secreto, que ni siquiera sabía de él su marido. Juana había descubierto en Baluarte la absoluta sinceridad literaria, que consiste en identificar nuestra moralidad con nuestra pluma, gracia suprema que supone el verdadero dominio del arte, cuando este es reflexivo, o una inocencia primitiva, que solo tuvo la poesía cuando todavía no era cosa de la literatura. No escandalizar jamás, no mentir jamás, no engañarse ni engañar a los demás, tenía que ser el lema[13] de aquella sinceridad literaria que tan pocos consiguen y que otros ni siquiera intentan. Baluarte, con tales condiciones, tenía pocos amigos verdaderos, aunque sí muchos admiradores, no pocos envidiosos e infinitos partidarios, por temor a su imparcialidad[14] terrible. Aquella imparcialidad había sido negada, combatida, hasta vituperada,[15] pero se había ido imponiendo; en el fondo, todos creían en ella y la aceptaban convencidos o por fuerza: esta era la gran ventaja de Baluarte; otros le habían superado en ciencia, en

---

12. Desprecio, falta de atención.
13. Frase, enunciado, eslogan.
14. No tomar partido por nadie. No favorecer a nadie.
15. Criticada con mucha dureza.

habilidad de estilo, en amenidad y original inventiva, pero los juicios de don Ramón continuaban siendo los definitivos. Aparentemente se le hacía poco caso; no era académico, ni figuraba en la lista de *sabios* que suelen tener estereotipadas los periódicos, y a pesar de todo, su voto era el de más calidad para todos.

Iba poco a los teatros, y muy pocas veces entraba en los saloncillos[16] y en los cuartos de los cómicos. No le gustaban cierta clase de intimidades, que harían dificilísima su tarea de justiciero. Todo esto le encantaba a Juana, que le oía con admiración, que devoraba sus artículos... y que nunca había hablado con él, de miedo; por no encontrar nada digno de que lo oyera aquel señor. Baluarte, que visitaba a la Serrano más que a otros artistas, porque era una de las pocas eminencias[17] del teatro a quien consideraba en mucho y a quien elogiaba con la conciencia tranquila, Baluarte jamás se había fijado en aquella joven que oía, siempre callada, desde un rincón del cuarto, ocupando el menor espacio posible.

La noche de que se trata, don Ramón entró muy alegre, más hablador que otras veces, y apretó con fuerza la mano que Petra, brillante de expresión y alegría, le tendió en busca de una enhorabuena que iba a estimar mucho más que todos los regalos que tenía esparcidos sobre las mesas de la sala contigua.

—Muy bien, Petrica, muy bien; de verdad. Se ha querido usted lucir[18] en su beneficio. Eso es naturalidad, fuerza, frescura, gracia, vida; muy bien.

No dijo más Baluarte. Pero bastante era. Petra, de tan

---

16. Salones de los teatros donde se celebraban ensayos, reuniones o tertulias.
17. Persona sobresaliente en alguna actividad.
18. Hacer algo muy bien, de forma brillante.

orgullosa que estaba, no veía su imagen en el espejo; de orgullo no, de vanidad, casi convertida de vicio en virtud por el agradecimiento. No había que esperar más elogios;[19] don Ramón no se repetía, pero la Serrano se puso a pensar despacio lo que había oído.

A poco rato, don Ramón añadió:

—¡Ah! Pero entendámonos; no es usted sola quien está de enhorabuena: he visto ahí un muchacho, uno pequeño, muy modesto, el que tiene con usted aquella escena de la limosna...

—Pepito, Pepe Noval...

—No sé cómo se llama. Ha estado admirable... El chico tal vez no sabrá lo que hizo..., pero estuvo de veras inspirado. Se le aplaudió, pero fue poco... ¡Magnífico! Si no lo echan a perder[20] con elogios tontos y malos ejemplos, ese chico tal vez sea una maravilla...

Petra, a quien la alegría deslumbraba de modo que la hacía buena y no la dejaba sentir la envidia, se volvió sonriente hacia el rincón de Juana, que estaba como la grana, con la mirada extática, fija en don Ramón Baluarte.

—Ya lo oyes, Juana; y cuenta que el señor Baluarte no adula.[21]

—¿Esta señorita?...

—Esta señora es la esposa de Pepito Noval, a quien usted tan justamente elogia.

Don Ramón se puso algo colorado, temeroso de que se malinterpretaran sus alabanzas. Miró a Juana, y dijo con voz algo seca:

—He dicho la pura verdad.

---

19. Comentarios muy buenos.
20. *Echar a perder*: 'estropear'.
21. Alabar en exceso a alguien para conseguir algún beneficio.

Juana sintió mucho, después, no haber podido dar las gracias.

Pero, amigo, la ronquera ordinaria se había convertido en afonía.[22] No le salía la voz de la garganta. No pudo decir nada. Se inclinó, se puso pálida, saludó de modo que casi se cae del diván... Murmuró no se sabe qué gorjeos[23] roncos...; pero ni una palabra. ¡*Su* don Ramón admirando a su Pepe, a su marido de su alma! ¿Era posible más felicidad? No, no lo era.

Baluarte, en noches posteriores, se fijó varias veces en un joven que entre bastidores[24] le saludaba y sonreía: era Pepe Noval, a quien su mujer se lo había contado todo. El chico sintió el mismo placer que su esposa, pero tampoco dio las gracias al crítico, porque le pareció una impertinencia. ¡Buena falta le hace a Baluarte, pensaba él, mi agradecimiento! Además, le tenía miedo. Saludarle al pasar, quizá; pero hablarle... ¡Eso no!

Murió Pepe Noval de viruela, y su viuda se retiró del teatro, creyendo que para lo poco que habría de vivir, faltándole Pepe, le bastaba con sus pocos ahorrillos. Pero no fue así; la vida, aunque tristísima, seguía; el hambre venía, y hubo que volver al trabajo. Pero ¡qué diferente volvió! El dolor, la tristeza, la soledad, le habían dejado en el rostro, en los gestos y hasta en toda la figura de aquella mujer, la solemne imagen de la pena, del destino, de la tragedia; sus atractivos de modesta y callada se mezclaban ahora en graciosa armonía con este reflejo exterior y melancólico de las amarguras de su alma. Parecía, además, que todo su talento se había orientado a la acción;

22. La *ronquera* es la voz áspera, defectuosa, por alguna enfermedad de la garganta. La *afonía* es la pérdida total o parcial de la voz.
23. Sonido que emiten algunos pájaros.
24. Piezas o estructuras que se colocan a los lados del escenario y forman parte del decorado.

parecía también que había heredado la habilidad oculta de su marido. La voz era la misma de siempre. Por eso el público, que al verla ahora al lado de Petra Serrano otra vez se fijó más, y desde luego, en Juana González, empezó a llamarla e incluso a alabarla con este apodo: La Ronca. La Ronca fue en adelante para público, actores y críticos. Aquella voz velada, que en situaciones normales era un defecto con cierta gracia, producía un efecto mágico en el teatro, aunque fuera criticada duramente por muchos compañeros de profesión.

Don Ramón Baluarte fue desde luego el principal mantenedor del gran mérito que había mostrado Juana en su segunda época. Ella se lo agradeció como él no podía sospechar: en el corazón de la sentimental y noble viuda, la gratitud al hombre admirado, que había sabido admirar a su vez al pobre Noval, al adorado esposo perdido, tal gratitud, fue en adelante una especie de monumento que ella conservaba como recuerdo del cómico ya olvidado por el mundo. Juana, en secreto, pagaba a Baluarte el bien que le había hecho leyendo mucho sus obras, pensando sobre ellas, llorando sobre ellas, respirando esa especie de aroma que se desprendía de las frases del crítico artista. Se hablaron, se trataron; fueron amigos. La Serrano los miraba y se sonreía; estaba enterada; conocía el entusiasmo de Juana por Baluarte; un entusiasmo que, en su opinión, iba mucho más lejos de lo que Juana misma imaginaba... Si al principio los triunfos de la González le pusieron un poco nerviosa, a ella, que también progresaba, que también aprendía, pero no tardó mucho en tranquilizarse; y de aquí que, si la envidia había nacido en su alma, se había secado con un desinfectante prodigioso: el amor propio, la vanidad satisfecha; Juana, pensaba Petra, siempre tendrá la irremediable inferioridad de la voz, siempre será La Ronca; el capricho, la originalidad de ese defecto podrán tener gracia a ratos, pero está rota, suena mal, no me igualará nunca.

En tanto la González procuraba aprender, progresar; quería subir mucho en el arte, para homenajear en su persona a su marido olvidado; seguía las huellas de su ejemplo; ponía en práctica las doctrinas ocultas de Pepe, y además se esmeraba en seguir los consejos de Baluarte, de su ídolo estético; y por agradarle a él lo hacía todo; y hasta que llegaba la hora de su juicio, no venía para Juana el momento de la recompensa que merecían sus esfuerzos y su talento. En esta vida llegó a sentirse hasta feliz, con un poco de remordimiento.[25] En su alma juntaba el amor del muerto, el amor del arte y el amor del maestro amigo. Verle casi todas las noches, oírle de tarde en tarde una frase de elogio, de animación, ¡qué gran alegría!

Una noche se trataba con toda solemnidad en el saloncillo de la Serrano la difícil cuestión de quiénes debían ser los pocos artistas del teatro español a quien el Gobierno había de nombrar, para representar dignamente nuestra escena en una especie de concurso teatral que se celebraba en una gran capital extranjera. Había que escoger con mucho cuidado; no deberían ir más que las eminencias que fuera de España pudieran parecerlo también. Baluarte era el designado por el Ministerio para la elección, aunque oficialmente la cosa parecía encargada a una comisión. En realidad, Baluarte era el árbitro. De esto se trataba; en otra compañía ya había escogido; ahora había que escoger en la de Petra.

Se había acordado ya, es claro, que iría al concurso, exposición o lo que fuese Petra Serrano. Baluarte, en pocas palabras, dio a entender sólido mérito de la ilustre actriz. Después,

---

25. Inquietud por pensar que se está haciendo o se ha hecho algo mal. Arrepentimiento.

no con tanta facilidad, se decidió que la acompañara Fernando, galán joven que a su lado se había hecho eminente de veras. En el saloncillo hubo un momento de silencio embarazoso. En el rincón de siempre, Juana González, con la cabeza inclinada, como rezando, ardía de ansiedad… «¡Baluarte no se acordaba de ella!» Los ojos de Petra brillaban con el sublime y satánico esplendor del egoísmo. Pero callaba. Un cómico envidioso, se atrevió a decir:

—Y…, ¿no va La Ronca?

Baluarte, sin miedo, tranquilo, sin vacilar, como si en el mundo no hubiera más que una balanza y una espada,[26] y no hubiera corazones, ni amor propio ni nervios de artista, dijo con el tono más natural y sencillo:

—¿Quién, Juanita? No, Juana ya sabe dónde llega su mérito. Su talento es grande, pero…, no es la adecuada para esta misión. Solo puede ir lo mejor de lo mejor.

Y, sonriendo, añadió:

—Esa voz que a mí me encanta muchas veces…, en arte, en puro arte, en arte de exposición, de rivalidad, le perjudica.

No se habló más. El silencio se hizo insoportable, y terminó la reunión. Todos comprendieron que allí, con apariencia de tranquilidad, había pasado algo grave.

Quedaron solos Petra y Baluarte. Juana había desaparecido. La Serrano, feliz, llena de gratitud por aquel triunfo, que solo se podía deber a un Baluarte, le dijo, por ver si le hacía feliz también halagando[27] su vanidad:

—¡Buena la ha hecho usted! Estos sacerdotes de la crítica son terribles. Pero criatura, ¿usted no sabe que le ha dado un golpe mortal a la pobre Juana? ¿No sabe usted… que ese desprecio… la mata?

---

26. Símbolos del equilibrio, de la justicia.
27. Adulando, alabando en exceso.

Y volviéndose al crítico con ojos de pasión, y tocándole casi el rostro con el suyo, añadió con misterio:

—¿Usted no sabe, no ha comprendido que Juana está enamorada..., loca..., perdida por su Baluarte, por su ídolo; que todas las noches duerme con un libro de usted entre sus manos; que le adora?

Al día siguiente se supo que La Ronca había salido de Madrid, dejando la compañía, dejándolo todo. No se la volvió a ver en un teatro hasta que, años después, el hambre la echó otra vez a los de provincias.

Don Ramón Baluarte era un hombre que había nacido para el amor, y envejecía soltero, porque nunca le había amado una mujer como él quería ser amado. El corazón le dijo entonces que la mujer que le amaba como él quería era La Ronca, la de la fuga. ¡A buena hora![28]

Y decía suspirando el crítico al acostarse:

—¡El demonio del sacerdocio![29]

---

28. A destiempo. Demasiado tarde.

29. Se refiere a la forma de realizar su trabajo: con respeto excesivo a las reglas, sin salirse de lo que se considera moralmente aceptable, sin beneficiarse nunca. Sin pensar en otra cosa que no fuera su trabajo.

Lecturas ELE

El Señor y lo demás, son cuentos

LEOPOLDO ALAS «CLARÍN»

ACTIVIDADES **C1**

EL SEÑOR

1. **Todas estas palabras, excepto una, aparecen en el relato y están relacionadas con la religión católica. Une cada palabra con su significado.**

   1) Reliquia
   2) Tabernáculo
   3) Catecismo
   4) Púlpito
   5) Atrio
   6) Seminario
   7) Coadjutor
   8) Parroquia
   9) Eucaristía
   10) Sacramento
   11) Clérigo
   12) Viático
   13) Misacantano
   14) Confesor
   15) Acólito
   16) Hostia

   a) Hombre que ha recibido las órdenes sagradas.
   b) En el catolicismo, persona que ayuda al sacerdote en la misa y en otros actos litúrgicos.
   c) Misa y ceremonia católica que se celebra para los enfermos que están en peligro de muerte.
   d) Sagrario.
   e) Libro de instrucción elemental que contiene la doctrina cristiana, escrito con frecuencia en forma de preguntas y respuestas.
   f) Iglesia en que se administran los sacramentos y se atiende espiritualmente a los fieles de una determinada zona.
   g) Casa destinada para la educación de los jóvenes que se dedican al estado eclesiástico.
   h) Sacerdote que dice su primera misa.
   i) Plataforma pequeña y elevada con antepecho y tornavoz que hay en algunas iglesias para predicar desde ella y hacer otros ejercicios religiosos.
   j) Eclesiástico que tiene título y disfruta de una dotación para ayudar en una iglesia.
   k) En la tradición católica, misa.
   l) En la religión católica, cada uno de los siete signos sensibles de un efecto interior y espiritual.
   m) Sacerdote que escucha los pecados cometidos por los fieles.
   n) Hoja redonda y delgada de pan ácimo que se consagra en la misa y con la que se comulga.
   ñ) Parte del cuerpo de un santo u objeto que, por haber tocado el cuerpo de un santo, es digno de veneración.

2. El relato termina así: «¿No querías el martirio por amor Mío? Ahí lo tienes. ¿Qué importa en Asia o aquí mismo? El dolor y Yo estamos en todas partes».

En estas frases se resume todo el contenido del relato y la idea general que el autor quiere transmitirnos. En tu opinión, ¿cuál es esa idea?, ¿cómo interpretas estas palabras?

....
....
....
....

¡ADIÓS, CORDERA!

1. Escribe las palabras en el lugar correspondiente de los fragmentos del texto. Hay dos que no tienes que usar.

pendón	yunta	cerviz	esquila
pradera	altozano	quinto	siembra
duro	estrépito	testuz	rapaz

a) «... después de sus juegos, nunca muy estrepitosos, sentados cerca de la Cordera, que acompañaba el augusto silencio de tarde en tarde con un blando son de perezosa _____»

b) «... amaban Pinín y Rosa a la Cordera, la vaca abuela, grande, amarillenta, cuyo _____ parecía una cuna».

c) «Pinín y Rosa, en tales días de penuria, la guiaban a los mejores _____, a los parajes más tranquilos y menos esquilmados...»

d) «... sabía someter su voluntad a la ajena, y horas y horas se la veía con la _____ inclinada, la cabeza torcida, en incómoda postura, velando en pie mientras la pareja dormía en tierra...»

e) «Antón de Chinta comprendió que había nacido para pobre cuando palpó la imposibilidad de cumplir aquel sueño dorado suyo de tener un corral propio con dos _____»

f) «… un vecino de Carrió, que le había rondado todo el día ofreciéndole pocos _____ menos de los que pedía, le dio el último ataque, algo borracho.»

g) «Y, llorando, repetía el _____, más enterado que su hermana de las picardías del mundo: —La llevan al Matadero... Carne de vaca, para comer los señores, los curas..., los indianos.»

h) «Rosa, casi metida por las ruedas, pudo ver un instante en un coche de tercera multitud de cabezas de pobres _____ que gritaban, gesticulaban, saludando a los árboles, al suelo, a los campos, a toda la patria familiar, a la pequeña, que dejaban para ir a morir en las luchas fratricidas de la patria grande, al servicio de un rey y de unas ideas que no conocían.»

i) Pinín, con medio cuerpo fuera de una ventanilla, tendió los brazos a su hermana; casi se tocaron. Y Rosa pudo oír entre el _____ de las ruedas y la gritería de los reclutas la voz distinta de su hermano (…).

j) «Y sin pensarlo, Rosa apoyó la cabeza sobre el palo clavado como un _____ en la punta del Somonte.»

2. Los cuentos de Clarín suelen tener una moraleja, una enseñanza de tipo moral. ¿Cuál crees que es la enseñanza de este relato?

....
....
....
....

PROTESTO

1. **Estas cinco expresiones aparecen en el relato. Escríbelas, en la forma correcta, en las frases. Hay una expresión y una frase que no tienes que usar.**

   1) Quemar el último cartucho.
   2) No estar la Magdalena para tafetanes.
   3) Hacer tablas.
   4) Sudar cuartos.
   5) El miedo guarda la viña.
   6) El que mucho abarca poco aprieta.

   k) No me atrevo a hacer lo que propones. Es que hay muchas posibilidades de que salga mal… Ya sabes: _____.

   l) ¿No habrás elegido demasiadas asignaturas este año? Y luego tienes esas clases de teatro, el fútbol. Tú verás lo que haces, pero_____.

   m) ¡Basta de bromas! ¡Déjame tranquilo, que hoy no me ha salido nada bien y _____.

   n) Tenemos que controlar los gastos y no comprar cosas inútiles, intentar _____, que vienen tiempos difíciles.

   o) Pedir esa subvención es la única forma de salvar la empresa. Es arriesgado y tenemos muy poco tiempo para hacer el proyecto, pero hay que _____

   p) En las dos primeras partidas del campeonato mundial de ajedrez los jugadores, sorprendentemente_____.

2. **Haz una breve descripción del carácter y el comportamiento de Fermín Zaldúa. ¿Cómo ves a este personaje? ¿Qué opinas de él?**

   ....
   ....
   ....
   ....

LA YERNOCRACIA

1. Elige la preposición adecuada para completar estos fragmentos del relato:

1) «Hablaba yo de política días pasados con mi buen amigo Aurelio Marco, gran filósofo fin de *siècle* y padre de familia no tan filosófico, pues su blandura doméstica no se **aviene** _____ los preceptos de la modernísima pedagogía…»

   a) en   b) con   c) para

2) «No, no hemos llegado a eso; y por elipsis o hipocresía, como quieras llamarlo, **convenimos** todos _____ que cuando hablamos de sacrificios por amor al país… mentimos, tal vez sin saberlo, es decir, no mentimos acaso, pero no decimos la verdad».

   a) por   b) de   c) en

3) «… en la realidad, muchas veces el nepotismo fue la protección del hijo a quien la sociedad negaba esta gran categoría, y había que **compensarle** _____ otros honores.»

   a) a   b) en   c) con

4) «El hombre integérrimo, independiente, que echaba al rey Sol en cara sus manchas morales, no pudo en los días tristes de su vejez extrema **abstenerse** _____ solicitar el favor cortesano.»

   a) de   b) en   c) por

5) «… según él decía, "sus parientes no se aprovecharían de los bienes de la Iglesia", no **cesaban** _____ torturarle, **obligándole** continuamente _____ trasladarse de Meaux a la Corte para implorar favores de todas clases.»

   a) de   b) hasta   c) con
   a) por   b) a   b) en

6) «A los dos años **se erguía** _____ su silla de brazos, a la hora de comer, y no **cejaba** jamás _____ su empeño de ponerse en pie sobre el mantel, pasearse entre los platos y aun, en solemnes ocasiones, metió un zapato en la sopa, como si fuera un charco.»

   a) a   b) en   c) para
   a) en   b) de   b) por

7) «¡Yo no podía ser rey ni ministro! Mis ensueños, mis escrúpulos, mis aficiones, mis estudios, mi filosofía, me habían apartado de la ambición y sus caminos; era inepto para político, no podía ya **aspirar** _____ nada…»

   a) en   b) para   c) a

2. ¿Cómo resumirías en pocas palabras el relato? Hay en él una clara crítica social, ¿a qué y a quiénes? ¿Por qué?

   ....
   ....
   ....
   ....

CUENTO FUTURO

1. **Ordena los párrafos para construir un resumen del argumento del relato. Hay un párrafo que no tiene que ver con el relato.**

   a) Triunfa en el mundo la «Heliofobia» y surgen teorías para dejar libre a la Tierra de su órbita y que esta vuele libre por el cosmos. Los únicos opositores a estas ideas son los obispos que arropan a los «heliófilos».

   b) Excepto la Iglesia, por supuesto, todos los Gobiernos y los ciudadanos admiten el suicidio como solución para la crisis de la humanidad. Las minorías que no desean esta solución no serán asesinadas sino suicidadas.

c) El día de año nuevo, un año indeterminado en el futuro, a las doce de la mañana, Adambis activa su invento y la humanidad deja de existir. Pero no todos, pues el científico y su esposa sobreviven ya que ha proporcionado un antídoto a su mujer Evelina y a él mismo.

d) Los dos supervivientes viajarán en un globo hasta que se les aparece Dios, el auténtico, el de la *Biblia* y el Nuevo Testamento. Dios les sugiere que ellos sean los nuevos artífices de la humanidad y solo impone una condición: no comer de un manzano que hay allí, es decir exactamente lo mismo que se propuso a Adán y Eva.

e) El doctor Adambis diseña un plan para vengarse de los científicos que no han reconocido que sus investigaciones están a la altura de las más importantes que se han hecho en la historia de la humanidad.

f) La frustración de todos los seres humanos, el hastío de la repetición es el desencadenante de los hechos del relato. Un poeta francés escribe una oda contra el sol y el movimiento perpetuo de la Tierra a su alrededor. El texto tiene tanto éxito, sobre todo en los países ecuatoriales que están hartos de tanto calor, que la humanidad se plantea la posibilidad de apagar el Sol.

g) Evelina comerá del fruto prohibido porque —no le gustan las otras manzanas—, pero Judas resistirá la tentación y restará en el Paraíso por siempre, ya que Dios le concede el don de la inmortalidad.

h) El doctor Judas Adambis, creador de la vacuna contra el hambre, publica una epístola universal, donde propugna el suicidio universal como método definitivo para acabar con el hastío.

1	
2	
3	
4	
5	
6	
7	

2. ¿Qué opinas del personaje de Judas Adambís y de su idea? ¿Lo puedes identificar con algún personaje o hecho histórico? ¿Por qué?

....
....
....
....

LA RONCA

1. **Di si las siguientes afirmaciones sobre el relato son verdaderas o falsas.**
   a) Juana González se convierte con el tiempo en la primera actriz de la compañía teatral.
   b) Pepe Noval, el marido de Juana, había trabajado muchos años como actor en compañías de fuera de Madrid, antes de llegar a la capital.
   c) Juana y Pepe se habían casado contra la voluntad de Petra Serrano.
   d) Juana era una mujer muy valiente y ambiciosa que, a causa de su trabajo, se veía obligada a «disfrazarse» de tímida y conformista.
   e) El crítico don Ramón Baluarte era tan admirado como odiado por su objetividad.
   f) Petra Serrano no era una actriz muy considerada por el crítico Baluarte.
   g) Juana, tras enviudar y dejar por un tiempo su trabajo de actriz, regresa al teatro por motivos económicos.
   h) Petra Serrano se muestra, aparentemente, disgustada porque Baluarte no elige a Juana para el concurso internacional.
   i) Baluarte es perfectamente consciente de que lo que Juana siente hacia él es amor, y no solo admiración.

2. ¿Cómo explicas la decisión final de don Ramón Baluarte? ¿Crees que se debe solo a su sacerdocio? ¿Qué opinas de la reacción de Petra Serrano cuando ve que La Ronca no es elegida?

....
....
....
....

Lecturas ELE

El Señor y lo demás, son cuentos

LEOPOLDO ALAS «CLARÍN»

SOLUCIONARIO **C1**

EL SEÑOR

1. Todas estas palabras, excepto una, aparecen en el relato y están relacionadas con la religión católica. Une cada palabra con su significado.

1	2	3	4	5	6	7	8	9	10	11	12	13	14	15	16
ñ	d	e	i	-	g	j	f	k	l	a	c	h	m	b	n

2. El relato termina así: «¿No querías el martirio por amor Mío? Ahí lo tienes. ¿Qué importa en Asia o aquí mismo? El dolor y Yo estamos en todas partes».

   En estas frases se resume todo el contenido del relato y la idea general que el autor quiere transmitirnos. En tu opinión, ¿cuál es esa idea?, ¿cómo interpretas estas palabras?

¡ADIÓS, CORDERA!

1. Escribe las palabras en el lugar correspondiente de los fragmentos del texto. Hay dos que no tienes que usar.

a)	esquila
b)	testuz
c)	altozanos
d)	cerviz
e)	yuntas
f)	duros
g)	rapaz
h)	quintos
i)	estrépito
j)	pendón

2. Los cuentos de Clarín suelen tener una moraleja, una enseñanza de tipo moral. ¿Cuál crees que es la enseñanza de este relato?

 **PROTESTO**

1. Estas cinco expresiones aparecen en el relato. Escríbelas, en la forma correcta, en las frases. Hay una expresión y una frase que no tienes que usar.

a)	El miedo guarda la viña.
b)	El que mucho abarca poco aprieta.
c)	No está la Magdalena para tafetanes.
d)	(No se usa.)
e)	Quemar el último cartucho.
f)	Hicieron tablas.

2. Haz una breve descripción del carácter y el comportamiento de Fermín Zaldúa. ¿Cómo ves a este personaje? ¿Qué opinas de él?

 **LA YERNOCRACIA**

1. Elige la preposición adecuada para completar estos fragmentos del relato:

1	2	3	4	5	6	7
b	c	c	a	a/b	b/a	c

2. ¿Cómo resumirías en pocas palabras el relato? Hay en él una clara crítica social, ¿a qué y a quiénes? ¿Por qué?

CUENTO FUTURO

1. Ordena los párrafos para construir un resumen del argumento del relato. Hay un párrafo que no tiene que ver con el relato.

1	f
2	a
3	h
4	b
5	c
6	d
7	g

2. ¿Qué opinas del personaje de Judas Adambís y de su idea? ¿Lo puedes identificar con algún personaje o hecho histórico? ¿Por qué?

LA RONCA

1. Di si las siguientes afirmaciones sobre el relato son verdaderas o falsas.

	a)	b)	c)	d)	e)	f)	g)	h)	i)
V		✓			✓		✓	✓	
F	✓		✓	✓		✓			✓

2. ¿Cómo explicas la decisión final de don Ramón Baluarte? ¿Crees que se debe solo a su sacerdocio? ¿Qué opinas de la reacción de Petra Serrano cuando ve que La Ronca no es elegida?